Por que não o socialismo?

FUNDAÇÃO EDITORA DA UNESP

Presidente do Conselho Curador
Mário Sérgio Vasconcelos

Diretor-Presidente / Publisher
Jézio Hernani Bomfim Gutierre

Superintendente Administrativo e Financeiro
William de Souza Agostinho

Conselho Editorial Acadêmico
Divino José da Silva
Luís Antônio Francisco de Souza
Marcelo dos Santos Pereira
Patricia Porchat Pereira da Silva Knudsen
Paulo Celso Moura
Ricardo D'Elia Matheus
Sandra Aparecida Ferreira
Tatiana Noronha de Souza
Trajano Sardenberg
Valéria dos Santos Guimarães

Editores-Adjuntos
Anderson Nobara
Leandro Rodrigues

G. A. Cohen

Por que não o socialismo?

Tradução e posfácio
Lucas Petroni

Título original: *Why Not Socialism?*

© 2009 by Princeton University Press

Publicado por Princeton University Press, 41 William Street, Princeton, New Jersey 08540

No Reino Unido: Princeton University Press, 6 Oxford Street, Woodstock, Oxfordshire OX20 1TW

Todos os direitos reservados. Nenhuma parte deste livro pode ser reproduzida ou transmitida de qualquer forma ou por qualquer meio, eletrônico ou mecânico, incluindo fotocópia, gravação ou por qualquer sistema de armazenamento e recuperação de informações, sem permissão por escrito da Editora.

Para "O preâmbulo de Praga de *Por que não o socialismo?*": Capítulo 2 (pág. 16-19) de *Finding Oneself in the Other* por G. A. Cohen, editado por Michael Otsuka. Copyright © 2013 pela Princeton University Press. Traduzido e reimpresso aqui com permissão da editora.

© 2023 Editora Unesp

Direitos de publicação reservados à:

Fundação Editora da Unesp (FEU)
Praça da Sé, 108
01001-900 – São Paulo – SP
Tel.: (0xx11) 3242-7171
Fax: (0xx11) 3242-7172
www.editoraunesp.com.br
www.livrariaunesp.com.br
atendimento.editora@unesp.br

Dados Internacionais de Catalogação na Publicação (CIP)
de acordo com ISBD
Elaborado por Vagner Rodolfo da Silva – CRB-8/9410

C678p	Cohen, Gerald Allan
	Por que não o socialismo? / Gerald Allan Cohen; tradução e posfácio por Lucas Petroni. – São Paulo: Editora Unesp, 2023.
	Tradução de: *Why Not Socialism?*
	ISBN: 978-65-5711-207-6
	1. Socialismo. 2. Marxismo. I. Petroni, Lucas. II. Título.
2023-2055	CDD 335.4
	CDU 330.85

Editora afiliada:

Asociación de Editoriales Universitarias
de América Latina y el Caribe

Associação Brasileira de
Editoras Universitárias

Sumário

O preâmbulo de Praga de *Por que não o socialismo?* 7

Por que não o socialismo?

I   A viagem de acampamento 25
II Os princípios colocados em prática no acampamento 33
III O ideal é desejável? 61
IV O ideal é exequível? Quais são seus obstáculos: o egoísmo humano ou uma tecnologia social precária? 69
V   Coda 91

Posfácio – G. A. Cohen: De volta aos princípios socialistas, por *Lucas Petroni* 95

O PREÂMBULO DE PRAGA DE *POR QUE NÃO O SOCIALISMO?*[1]

O verdadeiro título desta conferência é "Por que não o socialismo?": é assim que eu a nomeio quando tenho que ministrá-la em outros lugares que não sejam Praga. Entretanto, aqui, em Praga, na cidade de Franz Kafka, às vezes disfarces são necessários, e

---

1 Texto publicado pela primeira vez como o Capítulo 2 de *Finding Onself in the Other*, de G. A. Cohen (organizado por Michael Otsuka), Princeton University Press, 2013, foi originalmente preparado na forma de notas introdutórias a uma conferência sobre socialismo intitulada "São a igualdade e a comunidade possíveis?", que seria ministrada pelo autor na cidade de Praga, atual capital da República Tcheca e antiga capital da República Socialista da Tchecoslováquia, em 2001. O preâmbulo, contudo, não chegou a ser apresentado devido a dificuldades técnicas envolvendo o visto de entrada de Cohen no país. (N. T.)

me pareceu sensato não utilizar "Por que não o socialismo?", o título verdadeiro, e, em vez disso, o título tal como divulgado, "São a igualdade e a comunidade possíveis?". Na minha opinião, o sentido dos dois títulos é muito parecido, porém a diferença entre eles pode parecer muito maior para vocês do que parece para mim.

Acredito que a maioria dos tchecos e tchecas reagiria ao título "Por que não o socialismo?" com raiva, ou acreditando ser uma brincadeira, ou ambas as coisas. A Tchecoslováquia experienciou uma tirania brutal e crimes monumentais *em nome* do socialismo. E, o que é ainda pior, do ponto de vista de um ou uma socialista, o país sofreu essa sina *em parte* como o resultado de uma tentativa absolutamente sincera de construir uma sociedade verdadeiramente socialista. Durante os anos do comunismo, o nome e o ideal do socialismo foram cinicamente manipulados como forma de obter ganho, poder pessoal e autopromoção, porém *também* existia, ao lado dessa manipulação – e por obséquio perdoem-me por repetir isso –, existia uma dedicação absolutamente sincera em relação ao ideal socialista. Se o hoje finado experimento não tivesse tido relação alguma com os verdadeiros princípios socialistas, tendo carregado apenas o *nome* "socialismo", então nós socialistas – digo "nós" porque eu permaneço socialista – teríamos menos motivos para o desalento causado pelo fato de o experimento ter sido um desastre do que efetivamente temos.

Como uma criança e como um jovem que cresceu em um lar comunista da classe trabalhadora em Montreal, eu era membro do movimento comunista internacional. Era uma das milhões de pessoas que acreditava, com todo o meu espírito, com todo o meu coração, e com tudo de bom e positivo em mim, que a União Soviética e o que então chamávamos de democracias populares e de China popular estavam criando sociedades devotadas à justiça social e ao florescimento humano. Adquiri essa crença quando tinha 5 ou 6 anos de idade, em 1946 ou 1947, como resultado da minha criação em uma família comunista da classe trabalhadora de Montreal. *Comecei* a perder a crença no começo dos anos 1960, quando nos meus 20 e poucos anos, e a perdi totalmente no máximo em 21 de agosto de 1968, dia no qual disse àquela que na época era minha esposa: "Pela primeira vez em minha vida sou *anti*ssoviético".² Com isso, não quero dizer que eu fosse ingênuo sobre a União Soviética e a Europa Oriental antes dos tanques entrarem em ação. Pelo contrário: já naquela época compreendia a mim mesmo como um crítico extremo do comunismo existente. Porém, até aquele dia ainda existia, ao menos conceitualmente, um "tu" [*thou*] a quem minhas críticas e minha raiva podiam ser endereçadas. A União Soviética perdeu seu status de "tu" para mim, e se tornou um monstruoso "isso" quando, às 8 horas da manhã, o jornal da BBC noticiou: "Tropas soviéticas, polonesas, alemãs orientais, húngaras e búlgaras entraram essa manhã..."³

---

2 Cohen refere-se ao dia da ocupação da então Tchecoslováquia pelas forças do pacto de Varsóvia, liderada pela União Soviética, pondo fim à Primavera de Praga, o experimento de liberalização política e democratização do regime tchecoslovaco iniciado cerca de um ano antes pelo líder reformista Alexander Dubček. (N. T.)

3 O autor alude, nessa passagem, à distinção estabelecida por Martin Buber entre dois modos diferentes de existência. Relações interpessoais, nas quais as partes se reconhecem como iguais em reivindicações morais, "Eu-Tu" [*Ich – Du*], e relações epistêmicas, ou técnicas, do tipo "Eu-Isso" [*Ich-Es*], no qual uma das partes, o "isso", é tomada como um *dado* da realidade. Ver Martin Buber, *Eu e tu* (tradução de Newton Von Zuben), Centauro Editora, 2009. (N. T.)

Reconheço que aquilo que eu acreditava ser um paraíso, ou o caminho para o paraíso, era, para vocês e para os seus antepassados, uma forma de inferno. Não acredito que eu possa ser *culpado* por não ter percebido isso, ou por ter pensado o exato oposto. Minha crença errônea era fruto de sentimentos nobres. Porém, racionalmente ou não, sinto que devo, de qualquer modo, oferecer minhas desculpas, e por isso o farei.

Meu alinhamento soviético é oriundo do fato de ter sido criado como um marxista (e um comunista estalinista) do mesmo jeito que outras pessoas são criadas católicas romanas ou muçulmanas. Meus pais, e a maioria dos meus parentes, eram comunistas da classe trabalhadora, e muitos deles, por suas convicções, cumpriram alguns anos de prisão nas cadeias canadenses. Uma das pessoas que haviam sido presas era o meu tio Normand: ele era casado com a irmã do meu pai, Jenny, que, posso lhes garantir, dançou certa vez com Josef Stálin. Em agosto de 1964, eu passei duas semanas na Tchecoslováquia, em Praga, na rua Lermontova, em Podbaba, onde, na época, ficava a casa de Norman e Jenny. Eles moravam lá porque Norman era o editor da

World Marxist Review, a hoje extinta revista teórica sediada em Praga do também hoje extinto movimento comunista internacional. Durante o dia, eu perambulava por Praga conversando com quem quer que quisesse conversar comigo. Eu falava um pouco de russo e um pouco de alemão, e Norman e Jenny estavam muito ocupados, de tal forma que eu tinha muito tempo livre para perambular por esta cidade gloriosa e conversar com as pessoas e, ao entardecer, discutir com Jenny e Norman sobre o que eu pensava ter descoberto.

Ao sair e passear pela cidade, não encontrei ninguém que pudesse me dizer coisas boas sobre o regime. No primeiro dia, retornei para casa e disse isso ao tio Norman, talvez de um modo ligeiramente sádico. Eu o estava punindo pela minha decepção: não seria a sua total identificação com o regime algo que o tornava um alvo justificado dessa punição? Norman, porém, tinha uma resposta. "Puxa vida", exclamou, "você deve ter conhecido pessoas muito estranhas!" Assim parti novamente no dia seguinte, e, após minha pesquisa de opinião produzir o mesmo resultado, eu a apresentei ao tio Norman mais uma vez. Agora sua resposta foi mais séria. "Você tem que entender que, antes da revolução, existia uma classe média considerável que perdeu muito com a revolução dos trabalhadores." A resposta para os achados do terceiro dia foi: "Você tem que entender, Praga tinha uma classe média *enorme*." Depois do terceiro dia, deixei de buscar esclarecimentos vindos do tio Norman: eu não queria escutar que a classe média tinha sido ainda *maior* do que *enorme*.

O que eu pensava a respeito da Tchecoslováquia *antes* dos meus deslocamentos e pesquisas, cujos frutos apresentei para Norman naquelas tardes de agosto de 1964? Eu acreditava que a Tchecoslováquia estava indo toleravelmente bem no quesito provisão material, mas que sofria uma perda injustificada de liberdade de expressão e outras liberdades civis. Menciono a liberdade de expressão em particular porque essa questão está no cerne da maior lição que aprendi em Praga em agosto de 1964. Antes de explicar qual foi essa lição, um pouco de contexto se faz necessário.

Os comunistas e as comunistas da minha infância costumavam responder de três modos diferentes à acusação segundo a qual os países comunistas cerceavam a liberdade de expressão, e essas três respostas podiam ser elencadas em graus distintos de sofisticação. A primeira, e a mais grosseira delas, consistia em simplesmente negar que *existiam* restrições à liberdade de expressão: explicarei em um instante como era possível para as pessoas acreditar em tamanha falsidade. A segunda resposta, um pouco mais sofisticada, reconhecia a existência de restrições com uma expressão de pesar, seguida de uma justificação das restrições com base nos inimigos externos e internos: lastimavelmente, não poderia haver liberdade de expressão, porque o mundo capitalista exploraria essa liberdade para propósitos contrarrevolucionários. Muitas eram as variantes dessa resposta. Você poderia oferecê-la sem deixar de pensar, por exemplo, que as autoridades tinham ido longe demais. Você também poderia pensar que *algumas* restrições da liberdade de expressão eram justificáveis, mas que as restrições que *efetivamente* eram adotadas eram mais amplas do que as que poderiam ser justificadas: e com isso você podia exibir para as pessoas o quão crítico, o quão *livre* você era ao dizer essas coisas. E, finalmente, existia a resposta mais sofisticada de todas, que era aquela em que eu acreditava, qual seja, a de que, ao contrário da primeira resposta, *existia* uma restrição enorme à liberdade de expressão e que, diferentemente da segunda, (praticamente) *nenhuma* delas era justificada, *mas* quem era de fato afetado por isso eram apenas, ou majoritariamente, os intelectuais, e que não devíamos avaliar a questão por essa perspectiva. A falta de liberdade *era* má, mas era um mal limitado: precisávamos ter cuidado para não concluir que isso fosse um mal maior do que de fato era.[4]

E, em agosto de 1964, aprendi que a minha crença era uma visão paternalista, porque a falta de liberdade de expressão alija *todas as pessoas* da verdade. Se tudo aquilo a que temos acesso é o *Rudé právo*, e sabemos que ele mente, não podemos realmente saber o que está acontecendo no mundo ao nosso redor, e sabemos que nossa informação é controlada por mentirosos, mesmo que não tenhamos desejo nenhum de expressar

---

4 Muito provavelmente o tio Norman acreditava inconsistentemente nas três respostas. Quanto a isso, posso apenas especular. Porém, posso relatar que, a respeito dos críticos simpatizantes do comunismo, ele dizia de modo contumaz que "eles fazem da liberdade um *fetiche*" – seja qual for a interpretação que se dê a essa frase.

alguma coisa *nós mesmos*.[5] A liberdade de expressão é um imperativo não apenas porque nenhum ser humano tem o direito de silenciar o outro, mas porque, além disso, não apenas os seres humanos têm o direito de expressar *a si mesmos,* como têm o direito de ter acesso às visões das outras pessoas e à verdade, direitos esses que vão muito além do direito de não termos uma intervenção arbitrária em nossa liberdade (o que inclui o direito à liberdade de expressão), direitos que são mais positivos, porém não menos urgentes por causa disso. Na ausência da liberdade de expressão, não apenas quem fala usa mordaça, mas todas as pessoas vivem em uma prisão.

Dito isso, eu tinha prometido abordar o problema de como era possível para alguém acreditar que o comunismo europeu estava realizando os ideais socialistas. Como era possível, por exemplo, que alguém acreditasse na primeira resposta grosseira contra a acusação de que a liberdade de expressão estava sendo suprimida, uma resposta que

---

5 *Rudé právo*, ou "Justiça Vermelha" em tcheco, era o órgão de imprensa do regime equivalente ao *Pravda* da União Soviética. (N. T.)

simplesmente *negava* isso? Como uma pessoa podia fechar seus olhos para uma coisa tão evidente? Não seriam crenças como essas o reflexo de interesses egoístas ou, pelo menos, de uma análise permeada pelo desejo? Ora, sem dúvida era *isso* que as pessoas que acreditavam nela queriam acreditar. Porém, isso nos diz por que elas eram *motivadas* a acreditar, e não como isso era *possível* para elas. Eu posso estar motivado a acreditar que minha esposa é fiel, mas não poderia acreditar nisso caso a encontrasse nos braços de uma outra pessoa.

Aqui precisamos estabelecer uma distinção entre quem havia visitado a União Soviética, ou algum outro país comunista, e quem não havia. Considerarei apenas a grande maioria que não os havia visitado. Como nós[6] podíamos simplesmente desacreditar do que a imprensa reportava, e do que a grande maioria das pessoas ao nosso redor acreditava? Bem, acreditávamos que a grande maioria das pessoas obtinha suas opiniões na imprensa burguesa, de tal forma

---

6 Como explicado anteriormente, eu acreditava que havia restrições consideráveis à expressão, porém existem outras tantas coisas que eu acreditava, ou desacreditava, que surpreenderiam vocês.

que o que realmente precisamos explicar é por que não acreditávamos na imprensa. E a resposta para isso é que nós *sabíamos* – eu disse *sabíamos*, e não *acreditávamos* – que a imprensa burguesa mentia. Não quero dizer com isso que ela mentia sobre as condições de vida na União Soviética, já que, no mais das vezes, ela não mentia sobre isso, porque ela não precisava fazê-lo. Quero dizer que sabíamos que ela mentia sobre o capitalismo, que ela, por exemplo, distorcia as greves, que encobertava a pobreza. Os capitalistas eram os donos da imprensa e ela reportava o que reportava do ponto de vista capitalista. Ela era motivada a mentir sobre o Quebec capitalista e o Canadá capitalista, e sabíamos que ela o fazia, então por que ela não deveria mentir também sobre a sociedade socialista rival, exatamente pelas mesmas razões? Como podíamos saber que ela não tinha necessidade alguma de mentir sobre o socialismo realmente existente para pintá--lo com aquelas cores tão sombrias?

Pensávamos que a igualdade e a comunidade eram um bem, tentamos alcançá-las, e produzimos um desastre. Devemos concluir que aquilo que pensamos ser um bem, a igualdade e a comunidade, não são, de fato, um bem? Essa conclusão, tão comumente inferida, é tolice. As uvas podem ser verdes de fato, mas não é o fracasso da raposa em alcançá-las que nos demonstra que elas o sejam.[7] Devemos concluir que *qualquer* tentativa de produzir esses bens *necessariamente* falharão? Esse é o caso apenas se acreditamos *ou* que essa é a única maneira possível de produzi-los, *ou* que aquilo que fez com que essa tentativa falhasse fará com que todas as tentativas semelhantes falhem, *ou* ainda que, por alguma outra razão, qualquer tentativa necessariamente falhará. Acredito que não podemos afirmar nenhuma dessas coisas. Na minha visão, a conclusão correta a ser inferida disso é a de que devemos tentar *diferentemente* – nos diferentes graus e sentidos de "diferentemente" – e que devemos ser muito mais cautelosos. É nesse

---

7 Alusão à parábola "A raposa e as uvas", de Esopo (reescrita por La Fontaine), na qual uma raposa, diante do fracasso em alcançar belas uvas penduradas na videira, convence-se irracionalmente de que elas estariam, na verdade, verdes ou azedas. No ensaio "O futuro de uma desilusão", Cohen emprega o problema das "uvas verdes" – ou *sour grapes*, em inglês – como uma ilustração do mecanismo de preferências adaptadas e para compreender o futuro do socialismo após o fracasso da experiência soviética. O ensaio foi publicado na *New Left Review 190* (nov./dez. 1991) e republicado como Capítulo 11 do livro *Self-Ownership, Freedom and Equality*, Cambridge University Press, 1995. (N. T.)

espírito de obstinada, porém prevenida, dedicação que o texto *Por que não o socialismo?*, aos quais essas anotações constituem um preâmbulo, foi escrito.[8]

---

8 Agradeço a Michèle Cohen pela interlocução atenciosa.

Por que não o socialismo?[1]

---

1 Uma versão preliminar deste ensaio foi publicada no livro *Democratic Equality: What Went Wrong?* [Igualdade democrática: o que deu errado?], editado por Edward Broadbent (University of Toronto Press, 2001).

Por que não o socialismo?

A pergunta que constitui o título deste curto livro não é formulada em sentido retórico. Começarei apresentando aquilo que acredito ser um argumento convincente *preliminar* para o socialismo, e em seguida perguntarei por que esse argumento poderia ser *apenas* preliminar, isto é, em que sentido, no final das contas, ele poderia ser refutado: meu objetivo é verificar o quão incólume o argumento preliminar permanecerá após refletirmos melhor sobre ele.

De maneira mais detalhada: na Parte I, apresento um contexto, denominado de "a viagem de acampamento", no qual, acredito, a maioria das pessoas apoiaria firmemente uma forma de vida socialista em relação às demais alternativas. A Parte II especifica dois princípios, um de igualdade e outro de comunidade, que são levados a cabo no acampamento, e cuja realização explica, assim penso, por que o modo de organização do acampamento é atrativo. Questiono, na Parte III, se esses princípios também tornam (em escala social) o socialismo *desejável*. Contudo, na Parte IV, apresento também a pergunta sobre se o socialismo é *exequível*, tomando como base a discussão a respeito das dificuldades enfrentadas pelo projeto de implementação de princípios socialistas, não apenas em um módico acampamento, circunscrito no tempo e no espaço, mas agora em relação à sociedade como um todo e de modo permanente. A Parte V é uma breve conclusão.

I

A VIAGEM DE ACAMPAMENTO

Você, eu e um grupo de outras pessoas saímos para acampar. Não existe hierarquia entre nós; nosso objetivo comum é simplesmente que cada um e cada uma de nós desfrute bons momentos, fazendo, na medida do possível, aquilo de que mais gosta (algumas dessas coisas fazemos em conjunto; outras, separadamente). Possuímos equipamentos e utensílios com os quais concretizamos essa iniciativa conjunta: por exemplo, panelas e tigelas, óleo, café, varas de pescar, canoas, uma bola de futebol, jogos de baralho, e assim por diante. Como é usual em viagens de acampamento, fazemos uso desse material coletivamente: mesmo quando algumas dessas coisas forem propriedade privada de alguém, os utensílios estão sob o controle comum dos participantes enquanto a viagem durar, além de possuirmos consenso a respeito de quem, quando, em quais circunstâncias e por que utilizá-los. Alguém pesca, outra pessoa prepara os alimentos para serem cozidos, uma terceira efetivamente os cozinha. As pessoas que odeiam cozinhar, mas gostam de lavar a louça, podem ficar com toda a louça para lavar, deixando de cozinhar, e assim por diante. Muitas são as diferenças existentes, mas nossos entendimentos mútuos e o espírito de iniciativa garantem que não existam desigualdades às quais alguém poderia se opor de modo fundamentado.

Em viagens de acampamento, é razoavelmente comum, como, aliás, em muitos outros contextos de pequena escala, que as pessoas cooperem dentro de um acordo segundo o qual todas as pessoas tenham uma oportunidade semelhante de autorrealização e de lazer, com a condição de que cada uma contribua, de acordo com sua capacidade, para a realização e o lazer das outras. Em contextos como esse, a maioria das pessoas, mesmo a maioria das pessoas *anti*-igualitárias, não apenas aceitam isso como, em geral, adotam como pressupostos os padrões de igualdade e reciprocidade. Essas normas são tão profundamente aceitas pela maioria dos participantes que, nesse tipo de situação, dificilmente alguém as colocará em questão: questioná-las contradiria o próprio espírito da viagem.

Poderíamos imaginar, de fato, um acampamento no qual cada pessoa reivindicasse direitos de propriedade sobre os equipamentos e os talentos específicos das outras para utilizá-los, e na qual teríamos que barganhar sobre quem iria pagar o que a quem pelo direito, por exemplo, de usar a faca para descascar as batatas, ou ainda o quanto alguém iria cobrar dos outros pelas (agora já descascadas) batatas que comprou de outro acampamento ainda com casca, entre outras situações. É perfeitamente possível organizar uma viagem de acampamento com base nos princípios de mercado e na propriedade privada exclusiva sobre os meios necessários para o acampamento.

Contudo, a maioria das pessoas odiaria esse passeio. A maioria estaria mais disposta a participar do primeiro tipo de viagem de acampamento do que do segundo, sobretudo por razões de companheirismo, mas também, é preciso ressaltar, por razões de eficiência. (Tenho em mente aqui os custos de transação excessivamente elevados advindos de um acampamento ao estilo livre-mercado. Muito tempo seria empregado barganhando e procurando obsessivamente por possibilidades mais lucrativas.) Isso significa, então, que a maioria das pessoas está disposta a aceitar o ideal socialista, pelo menos em circunstâncias bem definidas.

Alguns exemplos sobre como a maioria das pessoas reagiria em alguns cenários hipotéticos ocorridos no acampamento podem reforçar esse ponto:

a. Harry ama pescar, atividade na qual ele é, de fato, muito bom. Consequentemente, ele é capaz de pescar e prover o acampamento com mais peixes do que as outras pessoas. Ele reclama: "É injusto o modo como estamos organizando as coisas. Eu deveria ficar com os peixes de melhor qualidade na hora do jantar. Eu deveria comer apenas perca, e não a mistura de perca com bagre que todos nós estamos comendo". Ao que um colega de acampamento responde: "Pelo amor de Deus, Harry, não seja tão babaca. Seu trabalho e esforço não são maiores do que o do resto de nós. Tudo bem, você é mesmo muito bom na pescaria. Não somos ingratos em relação aos seus dotes naturais para ela, os quais, muito provavelmente, representam uma fonte de satisfação para você. Mas por que deveríamos *recompensá-lo* por ter essa sorte?"

b. Depois de aproveitar suas três horas de tempo livre de exploração individual, Sylvia retorna ao acampamento animada e anuncia: "Acabei encontrando uma macieira enorme, cheia de maçãs suculentas". "Excelente", o restante se exalta, "agora, todo mundo poderá comer torta de maçã, molho de maçã e *apfelstrudel!*". "Com a condição, é claro", acrescenta Sylvia, "de que vocês reduzam consideravelmente minha carga de trabalho, e/ou me deem mais espaço na tenda e/ou mais bacon no café da manhã". Sua reivindicação (de um tipo) de propriedade sobre a macieira revolta as outras pessoas.

c. Os viajantes estão andando por uma trilha na qual descobrem um estoque escondido de nozes abandonado por algum animal silvestre. Apenas Leslie, a única dos viajantes dotada de certas habilidades e talentos inatos, sabe, de fato, como partir as nozes de modo adequado, informação essa que ela quer cobrar para partilhar com o restante do grupo. As pessoas não veem nenhuma diferença entre a demanda de Leslie e a de Sylvia.

d. Morgan reconhece o local do acampamento. "Pessoal, este é o lugar em que o meu pai costumava acampar trinta anos atrás. Foi neste lugar que ele cavou um pequeno tanque, do outro lado daquela colina, e criou peixes de excelente qualidade. Acho que papai sempre soube que um dia eu poderia vir acampar nesta localidade, e que seu esforço permitiria que eu me alimentasse melhor quando estivesse por aqui. Isso é incrível. Assim eu posso comer melhor do que vocês". O grupo lança um olhar de reprovação, ou simplesmente ri da ganância de Morgan.

Evidentemente, nem todas as pessoas gostam de acampar. Eu mesmo não aprecio, na medida em que não sou uma pessoa que gosta do contato com a natureza, ou, em todo caso, não sou uma pessoa que goste de apreciar a natureza dormindo ao relento sem um colchão. Existe um limite para o quanto de contato com a natureza podemos esperar que alguns acadêmicos se submetam: eu preferiria ter o meu socialismo no aconchego do All Souls College[2] do que na incômoda umidade das montanhas Catskills – além, é claro, de ser um entusiasta do sistema de saneamento moderno. Contudo, a pergunta que estou propondo não é "você gostaria de acampar?", mas sim "não é este, o modo socialista, baseado na propriedade coletiva e em trocas recíprocas planejadas, o *melhor modo* de organizar um acampamento, *gostemos ou não* de acampar?".

As circunstâncias de uma viagem de acampamento são muito particulares: muitas são as características que a distinguem das circunstâncias da vida cotidiana em uma

---

2 O All Souls College, vinculado à Universidade de Oxford (Inglaterra), é um centro de excelência universitário extremamente prestigioso (e também profundamente excludente) do mundo anglo-saxão. (N. T.)

sociedade moderna. Portanto, não se deve inferir do fato de que acampamentos do tipo descrito aqui são exequíveis e desejáveis que o socialismo em escala social seja igualmente exequível e desejável. Existem diferenças importantes demais entre os dois contextos para que essa inferência seja válida. O que precisamos saber, em primeiro lugar, é *quais* são as diferenças que importam, e como o socialismo poderia dar conta delas. Devido ao contraste com a vida em geral, o modelo do acampamento serve como um bom critério de referência para argumentos que queiram demonstrar que o socialismo em escala social não é exequível e/ou não é desejável, uma vez que ele parece ser notavelmente exequível e realizável no caso da nossa viagem.

II

Os princípios colocados em prática no acampamento

São dois os princípios colocados em prática no acampamento, um princípio igualitário e um princípio de comunidade. O princípio de comunidade restringe o funcionamento do igualitário, proibindo certas desigualdades que o princípio igualitário permite. (Como explicarei adiante, o princípio igualitário em questão deve ser entendido como um princípio radical de igualdade de oportunidades: nesse sentido, ele é consistente com certas desigualdades de resultado.)

Existe, é verdade, um conjunto de princípios igualitários potencialmente concorrentes e compatíveis com a nossa viagem de acampamento tal como ela foi descrita anteriormente, sobretudo porque as circunstâncias relativamente simples da viagem não nos obrigam a escolher entre eles, de maneira diferente de contextos socialmente mais complexos nos quais a seleção se mostra necessária. Porém, o único princípio igualitário realizado na viagem a que darei atenção é aquele que considero o princípio correto, o princípio igualitário exigido pela *justiça*, e esse é um princípio radical de igualdade de oportunidades, o qual denominarei de "igualdade de oportunidade socialista".

É verdade que a igualdade de oportunidades, seja ela moderada ou radical, tem por objetivo remover barreiras de oportunidade a que algumas pessoas estão sujeitas e outras não, barreiras essas que, em alguns casos, decorrem das melhores oportunidades que as pessoas mais privilegiadas desfrutam. É importante notar que, ao removermos os obstáculos que impedem o exercício das oportunidades de alguém, nem sempre deixaremos intactas as oportunidades daquelas pessoas que, inicialmente, desfrutam de posições melhores: em alguns casos, reduziremos também as oportunidades de quem originalmente se beneficiava da desigualdade de oportunidades. Enfatizo esse ponto porque ele nos mostra que a igualdade de oportunidade não é apenas uma política de *equalização*, mas também uma política de *redistribuição*. Promover a igualdade de oportunidade, em qualquer de suas modalidades, não significa apenas dar a alguns o que outros já possuem e continuarão a possuir.

Podemos distinguir três modalidades de igualdade de oportunidade às quais correspondem, respectivamente, três barreiras de oportunidade diferentes: a primeira delas remove um primeiro obstáculo, a segunda remove o primeiro e um segundo, e a terceira remove todos os três.

Em primeiro lugar, existe o que poderíamos chamar de igualdade de oportunidade *burguesa*, a qual entendo como o tipo de igualdade de oportunidade que caracteriza (pelo menos em suas melhores pretensões) a era liberal. A igualdade de oportunidade burguesa remove restrições de status socialmente construídas, sejam essas restrições formais ou informais, sobre as oportunidades de vida de uma pessoa. Um bom exemplo de restrição de status formal é aquele sob o qual os servos são obrigados a trabalhar em uma sociedade feudal; um exemplo de restrição de status informal é aquela restrição que uma pessoa com a cor de pele "errada" sofrerá mesmo vivendo em uma sociedade livre de legislação racista, na qual, porém, uma consciência racista reprodutora de desvantagens raciais esteja disseminada. A primeira forma de igualdade de oportunidade, portanto, amplia as oportunidades pessoais removendo restrições oriundas da concessão de direitos e de práticas de intolerância, bem como de outras formas de percepções sociais preconceituosas.

A igualdade de oportunidade *liberal-progressista* [*left-liberal*]³ dá um passo além em relação à igualdade de oportunidade burguesa. Isso porque ela é armada contra os

---

3 Na filosofia política de língua inglesa, os termos *left-liberalism* (liberalismo de esquerda, ou progressista), *egalitarian liberalism* (liberalismo igualitário) e *high liberalism* (liberalismo de alto padrão) são normalmente tomados como sinônimos. Em todos esses casos, os termos designam concepções de justiça que, apesar de participar da matriz histórica do liberalismo, rejeitam alguns dos fundamentos centrais das chamadas teorias liberal-conservadoras ou liberais clássicas, tais como a defesa do Estado mínimo, a prioridade dos direitos de propriedade sobre a distribuição de recursos sociais, e uma concepção formal do princípio de igualdade de oportunidades sociais. A respeito das diferentes modalidades de liberalismo, ver Samuel Freeman, Capitalism in the Classical and High Liberal Traditions, *Social Philosophy and Policy*, v.28, n.2, 2011. (N. T.)

efeitos coercitivos de circunstâncias sociais diante dos quais a igualdade de oportunidade burguesa é indiferente, efeitos coercitivos esses inerentes às circunstâncias de nascimento e criação das pessoas, e que dificultam suas escolhas de vida não porque atribuem a elas um status inferior, mas porque impõem, em face dos demais, desvantagens substantivas às suas condições de vida e trabalho. O tipo de desvantagem relevante para a igualdade de oportunidade liberal-progressista é derivado das circunstâncias imediatas de uma pessoa e, portanto, tal desvantagem não depende nem da percepção social, nem da prescrição de direitos superiores e inferiores para exercer seu poder restritivo sobre escolhas pessoais. Políticas públicas orientadas pela igualdade de oportunidades liberal-progressista incluem programas educacionais que promovem o ponto de partida de crianças em contextos de privação material e exclusão social. Quando a igualdade de oportunidade liberal-progressista é plenamente realizada, o destino das pessoas passa a ser determinado apenas por seus talentos e suas escolhas, e, consequentemente, não mais pelas circunstâncias sociais nas quais elas foram socializadas.

A igualdade de oportunidade liberal-igualitária corrige desvantagens *sociais*, mas não desvantagens *inatas* ou próprias da constituição de uma pessoa. O que chamarei de igualdade de oportunidade *socialista* considera – para além daquelas diferenças impostas por contextos sociais não escolhidos – que a desigualdade advinda de diferenças inatas representa uma fonte adicional de injustiça, uma vez que diferenças inatas também não são escolhidas pelas pessoas. (Isso explica, portanto, a semelhança de atitude entre os membros do acampamento em relação aos golpes de sorte de Sylvia e Leslie, respectivamente os cenários b. e c. descritos anteriormente). A igualdade de oportunidade socialista procura retificar *todas* as formas de desvantagens imerecidas, desvantagens em relação às quais os agentes não poderiam ser razoavelmente responsabilizados, sejam elas desvantagens que refletem azar social ou desvantagens que refletem azar natural. Quando a igualdade de oportunidade socialista predomina, a diferença de resultado entre as pessoas reflete nada mais do que diferenças de gosto ou de escolha, e não mais diferenças sociais e naturais de capacidades e poderes.

Isso significa, por exemplo, que, sob a igualdade de oportunidade socialista, diferenças entre a renda de duas ou mais pessoas refletem simplesmente a diferença de preferências individuais entre elas, incluindo suas preferências sobre renda e lazer. Em relação aos seus gostos, as pessoas diferem entre si não apenas quanto a escolhas de consumo, mas também sobre se preferem trabalhar somente algumas horas e consumir menos, de um lado, e trabalhar muito, mas podendo consumir mais, de outro. Preferências alocativas sobre renda e lazer não são diferentes, em princípio, de preferências sobre maçãs e laranjas, e podemos afirmar que não existe uma objeção válida contra as diferenças de benefícios e encargos entre duas pessoas cujo resultado reflita apenas a diferença de suas preferências, *isso quando* (o que não ocorre sempre) *a satisfação dessas preferências produz quantidades agregadas comparáveis de fruição de vida*. Nesse caso específico, a diferença individual de encargos e benefícios não constitui uma *desigualdade* de encargos e benefícios.

Deixe-me desenvolver melhor a analogia apresentada acima. Uma mesa farta em maçãs e laranjas é posta diante de nós. Cada pessoa está autorizada a se apropriar de seis unidades de fruta, podendo cada cesto ser composto por maçãs e laranjas em qualquer combinação que totalize seis unidades. Suponhamos, agora, que eu reclame que a Sheila tenha pegado cinco maçãs, enquanto eu peguei apenas três. Podemos afirmar que minha reclamação deverá ser anulada – reclamação essa totalmente inapropriada para a situação – assim que você chamar a minha atenção para o fato de que Sheila tem apenas uma laranja, enquanto eu tenho três, e que eu poderia ter montado um cesto de frutas equivalente ao de Sheila, abdicando, dessa maneira, de duas laranjas. De modo similar, também podemos afirmar que a reclamação de que algumas pessoas acabam com mais renda líquida do que outras é ininteligível sob um sistema no qual cada pessoa conta com a mesma renda por hora, podendo escolher quantas horas quer trabalhar. O *trade-off* renda/lazer, nesse caso, é tão relevante quanto o *trade-off* maçãs/laranjas: a reclamação de que eu tenho mais renda do que você é fundamentada em um tipo de desigualdade tão objetável quanto a que fundamenta a reclamação de que as quatro maçãs que peguei da mesa representam mais maçãs do que as duas que você pegou. (É claro que algumas pessoas adoram trabalhar enquanto outras odeiam fazer isso, e que essa diferença poderia ser entendida [e creio que isso seja verdade] como uma forma de injustiça permitida pelo modelo em discussão, já que aquelas que adoram trabalhar, *ceteris paribus*, poderão desfrutar mais de suas vidas do que aquelas que odeiam trabalhar. Mas o mesmo se passa com quem desfruta mais *de cada* maçã e laranja do que as outras pessoas; ainda assim, o regime de maçãs/laranjas é um passo gigante em direção à igualdade [quando comparado, por exemplo, com uma sociedade de mercado capitalista] e, dessa maneira, o mesmo vale para o pagamento igual por cada hora trabalhada, no qual cada pessoa pode escolher o número de horas que quer trabalhar. Por essa razão, e porque se trata de um livro curto, vou ignorar a complicação exposta nesta digressão. Assumirei que a condição de igual comparabilidade de fruição de vida agregada, enfatizada anteriormente, está sendo satisfeita.)

Você poderia pensar que fiz um uso equivocado do termo "socialista" na expressão "igualdade de oportunidade socialista", tendo em vista que uma das políticas socialistas mais tradicionais é, justamente, a insistência na igualdade de renda e horas trabalhadas por pessoa – afinal, não funcionaram dessa maneira os *kibutzim*, verdadeiros paradigmas do socialismo?

Em resposta, eu chamaria a atenção para a distinção entre princípios socialistas, de um lado, e modos de organização socialistas, de outro, sendo os primeiros a justificação alegada para os segundos. Tal como exposto até aqui, o que estou chamando de "igualdade de oportunidades socialista" é um princípio, princípio esse – como procurei mostrar – realizado no acampamento, porém o que ainda não mostrei foram quais modos de organização poderiam, e quais modos não poderiam, satisfazê-lo em um sentido amplo. E, muito embora o regime de igualdade estrita entre hora de trabalho/remuneração sugerido acima possa, de fato, contradizê-lo, reconheço que socialistas já defenderam regimes como esses, e eu não tenho nem o desejo nem a necessidade de negar que regimes desse tipo possam ser denominados como regimes *socialistas* de trabalho/remuneração. Aquilo em que, por outro lado, preciso insistir é que tais sistemas contradizem os princípios fundamentais que animam a causa socialista, pelo menos o fazem quando esses princípios são analisados de forma mais exaustiva. Nenhum princípio básico de igualdade, ou mesmo de comunidade, tomado por si só, justifica regimes como esses, os quais, não obstante, podem ser plausivelmente justificados como um resultado de tipo *"second best"*,[4] seja à luz dos obstáculos e resistências impostos por realidades específicas, seja à luz das restrições mais gerais envolvendo a obtenção e o uso de informação dos gostos e poderes dos indivíduos, e, mais ainda, à luz da dificuldade de produzir adequadamente essa informação. Apesar de a justiça poder exigir que sejamos sensíveis aos graus de felicidade e realização de pessoas vivendo sob circunstâncias similares – ver a digressão entre parênteses dois parágrafos atrás –, em geral não é possível, nem mesmo desejável, ajustar o valor da igualdade de maneira tão minuciosa.

---

[4] Na Economia e na Ciência Política, a *second-best theory* – ou "teoria do segundo melhor" – diz respeito à necessidade de alterar as condições de realização de um conjunto de preferências quando tais condições não podem ser simultaneamente satisfeitas em condições sub-ótimas. (N. T.)

Notemos que o que eu havia chamado de igualdade de oportunidades *socialista* é consistente com pelo menos três formas distintas de *des*igualdades, sendo que a segunda e a terceira constituem subtipos da primeira. Denominarei essas três formas de desigualdade, respectivamente, como (i), (ii-a) e (ii-b). A primeira forma de desigualdade não é particularmente problemática, a segunda é um pouco problemática, e a terceira é extremamente problemática.

(i) O primeiro tipo, ou forma, de desigualdade não é problemática na medida em que não chega a ser uma desigualdade quando consideramos todos os fatores. A variedade de preferências e escolhas entre formas e estilos de vida diferentes significa que algumas pessoas terão mais bens de um certo tipo do que outras pessoas, mas isso não constitui propriamente desigualdade caso sejam garantidas quantidades agregadas comparáveis de satisfação entre todas as pessoas. Essa foi a lição que tiramos do exemplo maçãs/laranjas e de sua aplicação para as escolhas entre remuneração/lazer.

(ii) O segundo tipo de desigualdade, por sua vez, é problemático pois envolve desigualdade entre benefícios agregados.

Isso porque a igualdade de oportunidades socialista é compatível com a desigualdade de benefícios entre indivíduos quando tal desigualdade reflete as escolhas genuínas de pessoas igualmente situadas, pessoas que, por esse motivo, podem ser razoavelmente responsabilizadas por suas consequências. Esse segundo tipo de desigualdade pode assumir duas formas distintas: desigualdades decorrentes de *escolhas arrependíveis*, e desigualdades decorrentes da diferença de *sorte opcional*.[5]

(ii-a) Para ilustrar a primeira dessas formas, basta imaginarmos que, descuidadamente, um selecionador de maçãs/laranjas (mas não os outros) demore tanto para montar seu cesto que, quando finalmente se apropria das frutas a que teria direito, elas já perderam sua suculência: a desigualdade de benefício produzida nesse caso não gera reclamações. E o mesmo vale para uma pessoa em um regime de trabalho/remuneração igualitário cuja fortuna pessoal seja inferior às

---

5 Do original, *option luck*. Para efeitos da justiça distributiva, a ênfase na distinção entre sorte opcional (*option luck*) e sorte bruta (*brute luck*) é uma das características centrais do chamado igualitarismo de fortuna (*luck egalitarianism*), corrente igualitária da filosofia política à qual G. A. Cohen se filia. (N. T.)

demais porque ela não deu a devida atenção às oportunidades de trabalho em questão.

Desigualdades de benefícios agregados como essas são justificadas pelo diferencial de esforço e/ou cuidado de pessoas que estão, inicialmente, em posição de absoluta igualdade, e que mantêm uma relação de igualdade até mesmo quanto à *capacidade* para despender esforço e cuidado. Um exemplo típico é a fábula da cigarra e da formiga, na qual assumimos que suas capacidades são iguais para que a moral da fábula faça sentido. Uma indicação de que a alegoria cigarra/formiga oferece um exemplo de desigualdade de benefício é o fato de que a cigarra desabrigada *se arrepende retrospectivamente* de suas escolhas. Ela assim o faz porque sabe que, se tivesse feito as mesmas escolhas que a formiga, sua situação presente seria igual à dela em vez de ter um benefício agregado inferior (inclusive quando computados os benefícios do ócio) ao benefício agregado da formiga.

É verdade, contudo, que você poderia ser cético ou cética em relação à fábula da cigarra e da formiga. Você pode acreditar (contrariamente, arrisco-me a dizer, às suas atitudes cotidianas ao se relacionar com as pessoas: ver o parágrafo a seguir) que não existe algo como ser "verdadeiramente responsável" por alguma coisa, tampouco uma "escolha pela preguiça"; você pode acreditar que, por exemplo, um grau de negligência pessoal maior significa, nas circunstâncias em questão, apenas uma capacidade menor de autoestima do que a das outras pessoas, algo que não deveria ser penalizado. E se, de fato, é nisso mesmo que acredita, então certamente não tolerará essa segunda forma de desigualdade. No entanto, mesmo que, como eu, você não esteja tão disposto ou disposta a recusá-la, a questão permanece em aberto: o quão grande essa desigualdade será? Pois bem, essa é uma questão extremamente difícil de ser respondida, e minha perspectiva, ou crença, sobre isso é a de que, sob uma institucionalização inteligente do princípio relevante, a desigualdade não seria muito grande *por si só*: ela pode contribuir, porém, para a reprodução de altos níveis de desigualdade quando em sinergia com a terceira, e verdadeiramente problemática, forma de desigualdade, isto é, ii-b, uma forma de desigualdade que também é consistente com a igualdade de oportunidade socialista.

Sugeri antes que acreditar que nenhuma desigualdade reflete genuinamente a liberdade real de escolha das pessoas entrará em conflito com as suas reações cotidianas em relação às pessoas, e que não partilho dessa crença. Não a partilho porque não estou convencido de que seja verdade, *ao mesmo tempo*, que todas as escolhas sejam determinadas de modo causal *e que* a determinação causal exclua nossa responsabilidade sobre elas. Caso você esteja de fato convencido ou convencida de que esse é o caso, então não me *culpe* por pensar diferente de você, não *culpe* políticos de direita por cortarem políticas de bem-estar social (já que, de acordo com sua visão, eles não conseguiriam agir de outra maneira), tampouco culpabilize ou louve alguém por decidir fazer coisa alguma e, consequentemente, passe a viver sua vida de agora em diante de um modo diferente de como, sabemos, você a tem vivido até o momento.

(ii-b) O tipo verdadeiramente problemático de desigualdade entre benefícios agregados, forma substantiva de desigualdade consistente com o princípio de oportunidade socialista, é a desigualdade decorrente daquilo que filósofos e filósofas denominam *sorte opcional*. O caso paradigmático de sorte opcional são as apostas voluntárias. Você e eu começamos com a mesma quantia de dinheiro, com 100 dólares cada, e também somos idênticos em disposições, talentos e circunstâncias relevantes. Uma das características que compartilhamos é um fraco por apostas, o que faz com que atiremos uma moeda para o alto sabendo que eu devo dar 50 dólares a você se der cara e você, 50 dólares para mim, se der coroa. No final das contas, eu termino com 150 dólares e você com apenas 50 dólares, e sem nenhuma outra fonte de renda para cobrir tal perda financeira.

Essa é uma desigualdade compatível com a igualdade de oportunidade socialista: você e eu simplesmente fizemos uso de oportunidades radicalmente similares e, além do mais, a usamos exatamente do mesmo jeito. De maneira diferente da cigarra, o apostador derrotado pode lamentar a perda, mas ele não está, necessariamente, arrependido da sua decisão de jogar, pelo menos não do mesmo modo como a cigarra se arrepende de ter optado pelo ócio. O apostador derrotado pode dizer: "Caso estivesse, novamente, diante das mesmas opções, eu teria feito as mesmas escolhas; foi uma boa aposta, no final das contas".

Pois bem, essa é uma forma de desigualdade que ocorre não apenas quando assumimos riscos em contextos tão restritos como esse. Existe um elemento importante de sorte opcional na produção de desigualdades de mercado, as quais refletem, em parte, riscos relativos a sobre como devemos investir nosso dinheiro ou nosso trabalho. Analogamente, algumas desigualdades produzidas pelo mercado são, em parte, compatíveis, e inclusive congruentes, com a igualdade de oportunidade socialista. Não devemos exagerar, contudo, o quanto a sorte pura no mercado é responsável pelas desigualdades de mercado: apostas no mercado são profundamente diferentes das apostas convencionais. Em geral, alguém tem uma escolha sobre sua decisão de apostar ou não: jogos de aposta são evitáveis. Porém, o mercado dificilmente é evitável em uma sociedade de mercado: até mesmo os meios de fuga de uma sociedade de mercado consistem em recursos acessíveis nos próprios termos estipulados por essa sociedade de mercado. Pode-se afirmar que o mercado é um cassino do qual é difícil fugir e que, por essa razão, as desigualdades que ele produz são maculadas pela injustiça. Algo indubitavelmente verdadeiro é a afirmação de que o abismo crescente entre ricos e pobres nos países capitalistas não decorre majoritariamente nem da sorte, nem da falta dela, em apostas voluntárias, mas sim que esse abismo é fruto de apostas inevitáveis e de casos diretos de má sorte bruta, nos quais não temos nenhum tipo de aposta envolvido. É verdade que formas evitáveis de sorte opcional podem figurar na explicação de casos nos quais um empreendedor prospera enquanto outros fracassam, mas esse não é o tipo de desigualdade que preocupa os socialistas.

Mesmo que desigualdades do tipo (ii-a) e (ii-b) não sejam condenáveis por razões de justiça, elas são repugnantes para socialistas quando ocorrem em uma escala suficientemente ampla, isso porque elas contradizem o valor da comunidade: a comunidade é esgarçada diante de formas excessivas de desigualdade. O predomínio da igualdade de oportunidade socialista precisa ser corrigido por um princípio de comunidade caso queiramos que a sociedade apresente uma natureza socialista, aquela natureza que tornava o acampamento moralmente atrativo.

"Comunidade" pode significar muitas coisas diferentes; no entanto, o sentido de comunidade relevante para a nossa discussão é a exigência de que as pessoas se importem e, quando necessário e possível, cuidem umas das outras e que, além disso, se importem com o fato de que as pessoas cuidem umas das outras. Existem dois modos diferentes de cuidado comunitário que eu gostaria de discutir. O primeiro deles limita os resultados desiguais advindos da igualdade de oportunidade socialista. O segundo modo de cuidado comunitário não é estritamente exigido pela igualdade, porém não deixa de ser de primeira importância para o socialismo.

Não seremos capazes de desfrutar, você e eu, de uma comunidade plena caso você ganhe, ou entesoure, digamos, dez vezes mais dinheiro do que eu, porque a minha vida é marcada por certos desafios que você nunca enfrentará, desafios que você poderia me ajudar a superar, mas que não o faz porque guarda seu dinheiro apenas para si. Ilustremos o ponto da seguinte maneira: digamos que eu seja rico e viva confortavelmente, e que você seja pobre, e que isso seja o resultado de escolhas arrependíveis e/ou de sua má sorte opcional, e que, em consequência, a sua falta de recursos não seja resultado da falta de igualdade de oportunidade. Isso significa que você precisa pegar o ônibus lotado todos os dias enquanto eu o deixo para trás dirigindo confortavelmente o meu carro. Um dia desses, entretanto, eu preciso pegar o ônibus lotado porque minha esposa precisa usar o carro. É razoável que eu faça uma queixa sobre essa situação para o meu colega que também é dono de um carro, mas não para você. Não posso dizer a você: "É lamentável que eu tenha que pegar o ônibus hoje." Existe entre nós uma falta de comunidade do tipo que, de outro modo, é naturalmente produzida entre meu colega proprietário de carro e eu. E essa falta de comunidade se manifestará de muitas outras maneiras, visto que possuímos recursos extremamente díspares para cuidar de nós mesmos, para proteger e cuidar daqueles com quem nos importamos, para evitar certas formas de ameaças, e assim por diante.

Penso que certas desigualdades, que não podem ser proibidas em nome de uma igualdade de oportunidade socialista, devam ser proibidas em nome da comunidade. Mas seria uma *in*justiça proibirmos as trocas e relações que geram essas desigualdades? Seriam essas proibições apenas uma maneira de delimitar os parâmetros dentro dos quais a justiça deveria funcionar, ou, em alguns casos, essas proibições (justificadamente?) contradizem a justiça? Não tenho a resposta para essas perguntas. (Mas posso afirmar que seria uma pena se chegássemos à conclusão de que comunidade e justiça constituem dois ideais potencialmente incompatíveis entre si.)

Voltemos à viagem de acampamento. Suponhamos, agora, que nossa alimentação seja frugal, mas que você tenha a seu dispor seu tanque especial repleto de peixes de alta qualidade, o qual você adquiriu não por herança ou malandragem, tampouco como o resultado da sorte bruta (isto é, não opcional) proveniente do seu talento superior de exploração, e sim como um resultado absolutamente ilibado de sorte opcional, algo que ninguém poderia objetar do ponto de vista da justiça. Você obtete seu tanque, digamos, apostando em uma loteria em que todos nós também participamos. O ponto é que, ainda assim, mesmo que não exista nenhuma forma de injustiça nesse cenário, a sua fortuna pessoal o separa da nossa vida em comum, e o ideal de comunidade condena essa situação e, portanto, condena também a criação de uma loteria como essa.

A outra expressão do cuidado comunitário posta em prática durante o acampamento é uma forma comunitária de reciprocidade. Um tipo de reciprocidade diferente, como explicarei a seguir, da forma de reciprocidade de mercado. Quando os pontos de partida são iguais, e quando existem limites independentes (em relação à igualdade de oportunidade) relativos à desigualdade de resultados finais, então a reciprocidade comunitária não é exigida da igualdade, mas ela é exigida, de qualquer modo, para que as relações humanas adquiram uma forma desejável.

A reciprocidade comunitária é o princípio antimercado segundo o qual eu presto um serviço a você não de acordo com o que posso vir a ganhar ao fazer isso, mas porque você precisa, ou gostaria, dos meus serviços, e você, pelas mesmas razões, presta um serviço para mim. A reciprocidade comunitária não é a mesma coisa que a reciprocidade de mercado, dado que mercados não motivam contribuições produtivas com base na preocupação com meus semelhantes e no desejo de beneficiar outras pessoas enquanto somos beneficiados *por* elas, mas com base na remuneração monetária. Em uma sociedade de mercado, o motivo imediato de uma atividade produtiva é tipicamente (mas não sempre) um misto de ganância e medo, que varia de acordo com o valor de mercado e o caráter de cada pessoa. É verdade que as pessoas podem se engajar em atividades de mercado inspiradas por outros motivos, no entanto as motivações da ganância e do medo são aquelas que os mercados tornam proeminentes, e isso inclui a ganância em nome do que – e o medo pelo que – pode acontecer com a família das pessoas. Mesmo quando nossas preocupações vão além do nosso interesse pessoal, a postura de mercado é gananciosa e amedrontadora no sentido em que, do ponto de vista do sucesso dos nossos interesses, as contrapartes em um mercado são predominantemente concebidas como fontes potenciais de enriquecimento e ameaça. Essas são formas moralmente repugnantes de conceber as outras pessoas, ainda que tenhamos nos acostumado e nos adaptado a isso, como o resultado de séculos de civilização capitalista. (Evidentemente, o capitalismo não inventou a ganância e o medo: eles estão profundamente entranhados na natureza humana. Contudo, ao contrário da civilização feudal que a precedeu, a qual contava com a bondade [cristã ou de outro tipo] para condenar a ganância, no capitalismo esta é celebrada.)

Afirmei que, de acordo com a reciprocidade comunitária, eu produzo conforme o espírito de comprometimento com meus semelhantes: quero prestar-lhes um serviço ao mesmo tempo que eles me prestam outro, e obtenho gratificação em cada um dos polos dessa relação. Nesse tipo de motivação, existe também uma expectativa sobre a reciprocidade, mas ela difere de modo significativo do tipo de reciprocidade esperada no mercado. Se eu sou um agente econômico, então estou disposto a prestar um serviço para você apenas sob a condição de *ter algo* servido para mim: não servirei ninguém se isso não for um meio para um serviço. Em consequência, proverei tão pouco serviço quanto puder em troca do máximo de serviço que eu puder obter de você. Meu objetivo é fazer um bom negócio: comprar barato e vender caro. Eu sirvo os outros *ou* para extrair alguma coisa que quero deles – essa é a motivação pela ganância; *ou* para garantir que algo que quero evitar seja evitado – essa é a motivação pelo medo. Um agente de mercado, enquanto tal, não valoriza a cooperação com as outras pessoas por si mesma: ele não valoriza a conjunção *servir-e-ser-servido* enquanto tal.

Já um agente cooperativo que não seja de mercado aprecia a cooperação tal e qual: o que eu quero, enquanto agente cooperativo, é que sirvamos uns aos outros, e quando presto um serviço para alguém, em vez de tentar obter o que puder dessa pessoa, eu não concebo a minha ação como um sacrifício, considerando todos os fatores. Certamente, eu o beneficio na expectativa de que você (caso seja capaz) também possa me beneficiar. Meu comprometimento com o ideal de comunidade socialista não exige que eu seja um otário de quem é esperado que sirva incondicionalmente e independentemente de você (caso seja capaz) me servir em troca. No entanto, é verdade que eu reconheço valor em ambos os polos da conjunção – eu sirvo você *e* você me serve – bem como na conjunção em si mesma: eu não considero a primeira parte – eu sirvo você – simplesmente como um meio para o meu fim verdadeiro, a saber, que você me sirva. No modelo da reciprocidade comunitária, a relação entre nós não é uma relação de tipo instrumental na qual eu provenho porque eu ganho, mas um de tipo de relação não instrumental na qual eu provenho porque você precisa, ou quer, e da qual eu espero uma generosidade equiparável vinda de você.

Por motivos de simplicidade, e para efeitos de vivacidade da exposição, caracterizei a reciprocidade comunitária nos parágrafos anteriores nos termos de uma relação entre duas pessoas (eu-você). Todavia, a reciprocidade comunitária pode envolver as pessoas em relações em cadeia nas quais nenhuma das partes provê diretamente uma à outra: de acordo com o espírito da reciprocidade comunitária que perpassa as nossas ações, eu posso ajudar você, você pode ajudá-la, e ela pode ajudar um outro, e ele, me ajudar. Redes comunitárias que sejam, em certo sentido, estruturalmente análogas às redes de mercado podem ser construídas sob um tipo diferente de motivação. As redes são análogas entre si porque, nas redes de mercado, ninguém faz nada para ninguém sem, em troca, ganhar alguma coisa *dessa* pessoa.

Tendo em vista que as relações de mercado são constituídas principalmente pela ganância e pelo medo, uma pessoa qualquer dentro de uma relação de mercado não se preocupa de modo *fundamental* com o bem-estar das outras pessoas. Cooperamos uns com os outros não porque acreditamos que a cooperação seja algo bom em si mesmo, nem porque você quer que você *e a outra pessoa* floresçam, mas porque *você* está em busca de lucro e sabe que, para obtê-lo, precisa cooperar com os outros e outras que o circundam. Em qualquer tipo de sociedade, as pessoas proveem umas às outras: uma sociedade *é* uma rede de provisão mútua. Em uma sociedade de mercado, entretanto, essa mutualidade é apenas um subproduto de uma atitude não mutualista e fundamentalmente *não* recíproca.

III

O IDEAL É DESEJÁVEL?

A aspiração socialista é colocar em prática em uma escala nacional, e às vezes internacional, os princípios que organizam a vida na viagem de acampamento. Socialistas, portanto, precisam enfrentar duas perguntas, as quais nem sempre são tão diferenciadas quanto deveriam. A primeira delas é: o socialismo, caso exequível, seria desejável? A segunda é: o socialismo é exequível?

Algumas pessoas poderiam insistir que a viagem de acampamento é, ela própria, pouco atraente e que, por uma questão de princípio, deveria existir, mesmo nas interações sociais de menor escala, mais *espaço* para desigualdade e formas de tratamento instrumental das outras pessoas do que aquele permitido pelo *ethos* do acampamento. Oponentes do *ethos* do acampamento não recomendariam, evidentemente, a igualdade social em larga escala e a reciprocidade comunitária *enquanto* extensões para grandes dimensões daquilo que seria desejável em pequena escala, porque dificilmente poderiam recomendar para o macro o que desmerecem mesmo para o micro.

Os críticos em questão não sustentam que *deveriam existir* mais desigualdade e modos de tratamento instrumental das outras pessoas em passeios de acampamento, mas apenas que elas possuem o *direito* de fazer suas próprias escolhas, inclusive quando os resultados são a desigualdade e/ou o tratamento instrumental das pessoas, e – assim costuma-se afirmar – esse direito não estaria sendo respeitado em um acampamento. Essa crítica, porém, me parece equivocada. Isso porque *existe* um direito de escolha pessoal em uma viagem para um acampamento, bem como existe uma miríade de escolhas privadas possíveis relacionadas ao lazer e ao trabalho (quando há mais de uma maneira razoável de alocá-los), mesmo sob a restrição voluntariamente adotada de que essas escolhas devam ser balanceadas de modo equitativo com as escolhas similares das outras pessoas. No interior de uma sociedade de mercado, nossas escolhas pessoais também são restringidas de maneira significativa pelas escolhas dos outros, mas, nessa forma de sociedade, esse fato permanece disfarçado na medida em que, diferentemente daquilo que se passa em um acampamento, nessas sociedades a dependência mútua inevitável entre os seres humanos não é trazida à consciência comum enquanto dado para o planejamento social formal e informal. Uma pessoa vivendo em uma sociedade de mercado pode ter que enfrentar uma escolha entre ser um trabalhador da construção civil, cuidar da casa ou definhar de fome, sendo que o conjunto de escolhas disponíveis é uma consequência das escolhas de todas as outras pessoas. No entanto, ninguém planejou as coisas dessa maneira, de tal forma que suas escolhas restritas são falsamente representadas como meras coisas da vida.

Embora sejam poucas as pessoas que adotem a linha argumentativa a que acabei de me opor – isto é, que *os próprios participantes* de um acampamento concordariam em gerir as coisas nos moldes de um mercado –, acredito que a maioria dos críticos apontaria para as características que distinguem um passeio de acampamento do funcionamento normal da vida em uma sociedade moderna e, portanto, levantaria dúvidas sobre a desejabilidade e/ou a exequibilidade da realização dos princípios de acampamento nesse segundo tipo de sociedade. Esses críticos podem até aceitar que a caracterização que apresentei da atratividade e da exequibilidade dos valores socialistas esteja correta, mas diriam, por outro lado, que isso se dá apenas em contextos de atividades recreativas, atividades nas quais, entre outras coisas, não existem grupos sociais rivais, conhecemos de modo pessoal e cotidiano todas as pessoas com as quais nos relacionamos, e os laços familiares de alguém não exercem uma influência contrária ao nosso senso de obrigação social. Em que medida essas diferenças tornam o ideal não (ou menos) desejável? E em que medida elas o tornam menos (ou in)praticável?

Não vejo como as diferenças apresentadas poderiam comprometer a desejabilidade da difusão dos valores do acampamento em uma sociedade. Não creio que a cooperação e o altruísmo instanciados na viagem sejam apropriados apenas entre amigos e amigas ou no interior de uma pequena comunidade. Somos indiferentes, na provisão mútua de uma sociedade de mercado, quanto ao destino do fazendeiro de quem se compra a comida: não existe nenhuma comunidade, ou ela existe apenas em um sentido residual, nos moldes apresentados na Parte II. Na próxima seção, responderei à pergunta sobre se, de fato, é factível concebermos o sistema de provisão mútua de outra maneira. Entretanto, parece ser verdadeiro que pessoas bem-intencionadas receberiam de maneira acolhedora a notícia de que é possível, agora, proceder de outra forma enquanto sociedade, talvez porque, por exemplo, certos economistas tenham desenvolvido modos mais inteligentes de fomentar e organizar nossa capacidade de ser generosos uns com os outros. Continuo achando particularmente acolhedora a mensagem de uma canção de protesto que aprendi em minha juventude, que começa assim: *"If we should consider each other, a neighbor, a friend, or a brother, it could be a wonderful, wonderful world, it could be a wonderful world"*.[6] Costuma-se apontar,

---

6 Em uma tradução livre: "Se considerarmos uns aos outros como um vizinho, um amigo ou um irmão, o mundo seria

como forma de resistência à mensagem da canção, que não podemos ser amigos ou amigas de todas as milhões de pessoas que habitam uma sociedade: essa é uma ideia que, no melhor dos casos, é impossível de ser colocada em prática e que – alguns críticos acrescentam – chega a ser incoerente, já que relações de amizade são definidas justamente por sua exclusividade. A canção, entretanto, não precisa ser interpretada dessa maneira excessivamente rígida. Basta apenas que tratemos aquelas pessoas com as quais temos uma relação de troca, ou outra forma de contato, como alguém em relação a quem temos a atitude de reciprocidade típica de relações de amizade. Além disso, a generalização social da amizade, isto é, a comunidade, não é, como as amizades, uma questão de tudo ou nada. É certamente algo positivo encontrar na sociedade mais comunidade, ao invés de menos.

---

maravilhoso...". A canção, intitulada *It Could Be A Wonderful World*, ficou famosa na década de 1960 com a interpretação do cantor folk norte-americano Pete Seeger. O trecho citado por Cohen prossegue da seguinte maneira: "[...] If there were no poor and the rich were content/ If strangers were welcome wherever they went/ If each of us knew what true brotherhood meant/ It could be a wonderful world, oh-ho/ It could be a wonderful world." (N. T.)

Todavia, seja o que for que queiramos concluir a respeito da *desejabilidade* do socialismo, precisamos também responder à pergunta, independente, sobre sua *exequibilidade*. Pergunta na qual nos deteremos a partir de agora.

IV

O IDEAL É EXEQUÍVEL? QUAIS SÃO SEUS OBSTÁCULOS: O EGOÍSMO HUMANO OU UMA TECNOLOGIA SOCIAL PRECÁRIA?

Sejam as relações socialistas travadas na viagem de acampamento desejáveis ou não e, além disso, seja também desejável ou não para essas relações que elas sejam difundidas na sociedade, muita gente que pensou seriamente no assunto considerou que o socialismo *não é factível* em escala social. "O socialismo em uma curta viagem de acampamento, talvez. Agora, socialismo em escala social, o tempo todo? Você deve estar brincando comigo! Acampamentos fazem parte de contextos recreativos, nos quais as pessoas são separadas da complexidade da vida cotidiana e estão dispostas a suspender os princípios normais em operação na sociedade. Esse é um contexto especial quase *por definição*. Não há nada nele que consiga reduzir a implausibilidade do socialismo em uma escala maior."

É importante constatarmos, antes de tudo, que não é apenas em contextos recreativos, mas também em contextos bem menos benignos que atitudes de acampamento tendem a prevalecer. As pessoas participam regularmente de situações de emergência, como incêndios e enchentes, com base nos princípios de um acampamento. Mas concentremo-nos mais detidamente na questão da exequibilidade do socialismo.

Existem duas razões pelas quais o socialismo em larga escala pode ser considerado inviável e é extremamente importante, tanto do ponto de vista intelectual quanto do político, que essas razões sejam diferenciadas. A primeira delas diz respeito aos limites da natureza humana, e a segunda, aos limites da tecnologia social. A primeira razão usualmente alegada para o porquê do socialismo não ser exequível é a de que as pessoas são – como é dito comumente – insuficientemente generosas e cooperativas por natureza e, portanto, incapazes de atender às exigências socialistas, independentemente de quão generosas e cooperativas elas venham a ser nos limites do espaço delimitado e da intimidade especial nos quais viagens de acampamento costumam ocorrer. A segunda razão alegada sobre por que o socialismo não é exequível afirma que, mesmo que as pessoas *fossem* suficientemente generosas em uma cultura apropriada, ou pelo menos pudessem se tornar generosas, ainda assim não saberíamos como fomentar essa generosidade. Simplesmente não sabemos como fazer com que a generosidade seja capaz de girar as engrenagens da economia, isto é, como obtê-la por meio das regras e estímulos adequados. Contrastemos isso com o egoísmo, que sabemos canalizar muito bem.

Certamente, mesmo que nenhum desses problemas ocorresse, ainda assim o socialismo poderia ser inviável, já que as forças políticas e ideológicas dispostas a resistir ao movimento em direção ao socialismo – incluindo a imensa força prática presente na crença de que o socialismo não é exequível – são muito fortes. Mas o problema da exequibilidade a que estou me referindo *não é* o de saber se o socialismo é *acessível* diretamente, ou seja, se podemos chegar até lá partindo de onde estamos, e sobrecarregados como estamos pelo legado monumental do capitalismo e as outras contingências que compõem a nossa condição social atual. O problema da exequibilidade diz respeito à pergunta sobre se o socialismo funcionaria, se ele seria estável ou não, e se estamos de fato em uma posição para instituí-lo. E um dos aspectos mais importantes dessa questão é saber se o funcionamento de uma sociedade socialista reforçaria ou, ao invés disso, solaparia as preferências comunitárias e igualitárias exigidas por sua estabilidade. (Precisamos, além disso, fazer uma pergunta, a qual não colocarei aqui, sobre se o socialismo é consistente não apenas com as fontes primárias da natureza humana, mas também com a natureza humana tal como ela tem sido moldada pelo capitalismo; se as forças que porventura venham a bloquear a implementação do socialismo poderiam operar também como um obstáculo para o seu funcionamento eficaz.)

Tal como vejo a questão, o problema principal a ser enfrentado pelo ideal socialista é não sabermos como projetar a maquinaria necessária para fazê-lo funcionar. O nosso problema não é essencialmente o egoísmo humano, e sim a falta de uma tecnologia de organização social adequada: o nosso problema é um problema de *design*. Pode ser que esse problema de design seja *insolúvel*, e que ele seja um problema cuja dificuldade seja exacerbada, sem dúvida, pelas nossas inclinações egoístas, porém o que temos em mãos, na minha opinião, ainda é um problema de design.

No final das contas, inclinações egoístas e altruístas são encontradas em (quase?) todas as pessoas. O problema é que, se por um lado sabemos como fazer um sistema econômico funcionar alicerçado no desenvolvimento e, na verdade, na hipertrofia do egoísmo, por outro não sabemos como fazê-lo funcionar com base no desenvolvimento e no aproveitamento da generosidade humana. Ainda assim, no mundo real, e em nossas sociedades, muita coisa depende da generosidade ou, para reformular de forma mais geral e em sentido negativo, de incentivos que não sejam os de mercado. Em seus trabalhos, médicos/as, enfermeiros/as, professores/as e outros/as profissionais não medem o que fazem, ou pelo menos não o fazem de maneira exaustiva, de acordo com a quantidade de dinheiro que esperam obter como resultado, do mesmo modo que capitalistas e trabalhadores/as o fazem em tipos de ocupação alheias à lógica do cuidado. (Os cuidadores mencionados não trabalham de graça, evidentemente, mas esse fato é análogo ao de que precisamos comer em uma viagem de acampamento: disso não se segue que cuidadores ajustem seus trabalhos de acordo com a quantia monetária esperada em retorno). E a razão dessa diferença não é que trabalhadores e trabalhadoras do cuidado sejam feitos de um tipo de barro de qualidade moralmente superior, mas sim, em grande medida, por uma razão de ordem cognitiva, tendo em vista que a concepção daquilo que devem produzir é guiada por uma concepção fundada na necessidade humana: sinalizações de mercado não são necessárias quando precisamos decidir quais doenças devemos curar, ou quais matérias devemos ensinar, e tampouco seriam os meios eficientes para isso. Uma vez passada a esfera das necessidades, no entanto, ou, de modo mais geral, a esfera daqueles bens e serviços nos quais podemos esperar que todas as pessoas estejam interessadas, rumamos progressivamente em direção à esfera mais ampla de bens e serviços opcionais – passagem essa que se torna mais frequente quanto mais as economias progridem e a vida se torna consequentemente mais fácil e mais sofisticada –; nela fica também muito mais difícil decidir o que produzir e como produzir sem o dispositivo das sinalizações de mercado: pouquíssimos seriam os e as economistas que discordariam dessa proposição hoje em dia. Uma razão pela qual um acampamento pode passar bem sem as trocas de mercado é que a informação de que os participantes precisam para planejar suas atividades é modesta em quantidade e comparativamente simples de ser obtida e agregada.

Notemos que os sistemas de preços cumprem duas funções logicamente distintas entre si: uma função *informacional* e uma função *motivacional*. Em primeiro lugar, preços permitem que possamos conhecer o quanto as pessoas estão dispostas a sacrificar para obter certos bens e serviços: eles nos mostram o quão valioso um produto é para uma determinada pessoa, logo, revelam também o quanto desses produtos precisamos produzir. Todavia, o sistema de preços também serve como uma motivação para que as pessoas produzam bens e ofereçam serviços umas às outras: agentes de mercado buscam apreender o quanto as pessoas estão dispostas a pagar por alguma coisa visando seu ganho individual. As duas funções não são apenas logicamente separáveis: em alguns casos, a primeira função se dá sem a segunda – quando, por exemplo, um funcionário, cujo propósito é ajudar uma instituição de caridade, procura maximizar os rendimentos dos ativos de sua instituição, mas não o faz visando guardar o lucro adquirido em seu bolso: ele não se apropria do dinheiro produzido e, pelo menos em alguns casos, sua remuneração individual não constitui uma função direta das suas façanhas de gerenciamento.

Tendo em vista, de um lado, as fragilidades do planejamento generalizado e, de outro, a injustiça produzida pelo livre-mercado e a falta de decoro das motivações econômicas, é natural perguntar se seria factível, na prática, preservar a função informacional dos mercados, isto é, continuar com os benefícios de geração e processamento de informação a respeito do que deve ser produzido, enquanto eliminamos seus pressupostos motivacionais e suas consequências distributivas adversas. Em outras palavras, é possível ter, ao mesmo tempo, a eficiência de mercado na produção sem os incentivos de mercado e, sem esses incentivos, uma distribuição de remuneração que não seja orientada exclusivamente pela eficiência?

Essa distinção reside precisamente no centro da contribuição trazida pelo livro pioneiro de Joseph Carens, professor do Departamento de Ciência Política da Universidade de Toronto, intitulado *Igualdade, incentivos morais e o mercado*, com o subtítulo significativo de *Um ensaio de teoria utópica político-econômica*.[7] Nele, Carens descreve como seria uma sociedade capitalista cuja atividade econômica é organizada pelo mercado, mas na qual o sistema tributário anularia os resultados desiguais produzidos pelo mercado a partir de uma redistribuição de renda estritamente igual entre as pessoas. Nessa sociedade haveria, como de costume, capitalistas maximizadores de lucro (pré-taxação) e trabalhadores e trabalhadoras sem capital, *porém* as pessoas reconheceriam a obrigação de servir umas às outras, sendo dispensadas dessa obrigação de acordo com

---

7 Joseph Carens, *Equality, Moral Incentives, and the Market: An Essay in Utopian Politico-Economic Theory* (Chicago University Press, 1981). (N. T.)

o quão perto suas rendas pré-taxação se encontram daquelas que seriam as atividades remuneradas mais lucrativas (e, de acordo com os pressupostos-padrão, também as mais produtivas socialmente) disponíveis para cada uma delas, ao mesmo tempo que o sistema tributário produziria uma distribuição pós-taxação estritamente igualitária entre todo mundo. Nesse cenário, os produtores almejam a remuneração em um sentido imediato, entretanto não ficam com o dinheiro obtido por meio dessa atividade (nem se beneficiam dele de outra forma), buscando realizá-la simplesmente pelo desejo de contribuir para a sociedade: um mecanismo de mercado é utilizado para resolver o problema da tecnologia social a serviço dos ideais de igualdade e comunidade.

O modelo proposto por Carens apresenta vários problemas. Contudo, ele me parece algo que vale a pena ser refinado e cujo princípio básico desfruta de um grau modesto de exequibilidade: basta que as pessoas nas melhores posições econômicas não optem por reduzir seu *input* produtivo diante de uma redistribuição tributária adversa, decidindo fazê-lo porque aprovam as finalidades para as quais a renda da taxação é canalizada.

O modelo de Carens é utópico, em parte, porque depende inteiramente de escolhas que não são autointeressadas. Existem, todavia, maneiras de introduzir elementos distintivamente igualitários e comunitários em um sistema econômico sem que, com isso, tenhamos que abrir mão de escolhas autointeressadas, as quais podem ser confinadas em um espaço menor. Um modo familiar de fazer isso é mediante instituições de bem-estar social, as quais retiram do mercado grande parte da provisão social para as pessoas necessitadas. Um modo menos familiar envolve a instituição de um socialismo *de mercado*, modelo sobre o qual falarei mais adiante. Cada um desses sistemas funciona com o pressuposto de que as pessoas são capazes de ser autodesinteressadas [*unself-interested*] *o bastante* para aceitar as restrições que esses sistemas impõem sobre a busca individual autointeressada.

Enquanto hoje muitos socialistas depositam sua crença no socialismo de mercado, os socialistas do século XIX eram, em sua maioria, opositores ferrenhos da organização mercantil da vida social. Os pioneiros e pioneiras das correntes centrais do socialismo preferiam um tipo de organização que acreditavam ser superior ao mercado, a saber, o planejamento centralizado abrangente, algo que, acreditava-se, poderia realizar o ideal socialista de uma sociedade verdadeiramente solidária. Os sucessores e sucessoras da geração pioneira foram, por sua vez, encorajados por aquilo que interpretavam como sendo vitórias indiscutíveis da planificação, como a industrialização da União Soviética e a instituição pioneira de um sistema de provisão de saúde e educação na República Popular da China. Entretanto, tal como praticado no passado, o planejamento centralizado é, como sabemos agora, um meio precário para o sucesso econômico, pelo menos a partir do ponto em que a sociedade tenha adquirido os componentes essenciais dos sistemas produtivos modernos.

Tendo em vista que a ideia de socialismo era historicamente indissociável da ideia de planejamento centralizado, os economistas com inclinações socialistas não estudaram mecanismos não centralizados de planificação, pelo menos não até bem recentemente. Não foi estudado, por exemplo, um aspecto-chave de uma economia distintivamente socialista, a saber, o compartilhamento social dos ativos econômicos empregados na produção. O socialismo de mercado é entendido como "socialista" porque abole a divisão entre capital e trabalho: não existe, em uma sociedade de mercado socialista, uma classe de capitalistas que se oponha a uma classe de trabalhadores e trabalhadoras que não possuem capital, uma vez que os próprios trabalhadores e trabalhadoras, isto é, a população em geral, são os proprietários do capital das empresas (ainda que não necessariamente do capital das mesmas empresas para as quais trabalham, como será ilustrado dois parágrafos adiante). Dessa maneira, a desigualdade econômica é reduzida de forma substantiva. Existem hoje vários modelos diferentes de propriedade coletiva para trabalhadores, como também formas de propriedade semipúblicas, por exemplo em nívcl municipal, bem como outras tentativas de realização de um princípio de propriedade coletiva sem a direção estatal centralizada da atividade econômica como um todo.

Contudo, o socialismo de mercado é diferente do socialismo tradicionalmente concebido, na medida em que os trabalhadores ou as empresas publicamente controladas, bem como seus consumidores, relacionam-se nos moldes típicos da competição de mercado; além disso, o socialismo de mercado se diferencia também, e de modo similar, ao comprometer a ênfase socialista tradicional na igualdade econômica, ainda que não a consiga eliminar totalmente. A igualdade é comprometida porque a concorrência de mercado precisa assegurar a desigualdade entre vencedores e perdedores. No socialismo de mercado, a comunidade também é comprometida porque as trocas econômicas não são substancialmente diferentes das trocas de mercado no capitalismo: elas não são trocas apenas superficialmente de mercado, tal como na economia carensiana descrita anteriormente. A verdadeira reciprocidade, ou seja, a reciprocidade comunitária explícita e não meramente implícita (ver, neste livro, p.55-60) não prevalece no coração das trocas econômicas de um socialismo de mercado. Elas sobrevivem, no entanto, no pano de fundo do sistema: os valores da igualdade e reciprocidade justificam as restrições sob as quais a economia socialista de mercado precisa funcionar, e o mesmo vale para uma economia de bem-estar social, ou para a proposta segundo a qual o Estado deve garantir que todos os seus cidadãos e cidadãs tenham acesso a uma *renda básica* substantiva, independentemente das relações de mercado.

Um projeto particularmente cuidadoso de socialismo de mercado pode ser encontrado no livro *Um futuro para o socialismo,* publicado em 1994 pelo economista de Yale John Roemer.[8] No modelo proposto por Roemer, cada cidadão possui o direito natural de ser o proprietário de uma parcela *per capita* do total de capital e outros recursos financeiros existentes em seu país. Os cidadãos são livres para negociar os *vouchers* que correspondem a sua parte no mercado de ações e, consequentemente, são livres para obter, com base na sorte e na habilidade, mais ações ou mais renda de dividendos do que as outras pessoas, porém não podem sacar suas ações para convertê-las em mansões, iates, vestidos da Dior e coisas do tipo: as ações das empresas não são convertíveis em dinheiro comum, apenas em outras ações. Quando essas pessoas morrem, suas ações voltam ao erário

---

8 John E. Romer, *A Future for Socialism*. Harvard: Harvard University Press, 1994.

público para que novos direitos a títulos e ações possam ser formados. Por outro lado, o mercado de trabalho não é alterado, de modo que as desigualdades decorrentes permanecem as mesmas, apesar de, agora, elas não serem inflacionadas em sinergia com a divisão capital/trabalho.

Em resumo, o sistema funciona como uma sociedade de mercado capitalista, exceto pelo fato de que um de seus mercados encontra-se fechado: o mercado no qual as ações das empresas podem ser trocadas pelo dinheiro que, por sua vez, pode comprar bens de consumo. A classe capitalista é liquidada, mas os frutos da eficiência de mercado capitalista são, argumenta Roemer, colhidos por meios diferentes.

Ilustremos este último ponto. Em uma economia capitalista, grandes acionistas disciplinam as operações de suas empresas fazendo com que se tornem economicamente eficientes: sua parcela das ações no mercado é grande o bastante para que tenham o direito de participação no funcionamento direto dessas empresas. No socialismo de mercado de Roemer, no entanto, a dinâmica das transações de ações e títulos fará com que o portfólio de ativos financeiros de cada indivíduo esteja espalhado entre muitas empresas diferentes, de modo que nenhum indivíduo isolado possa controlar ações suficientes e nem possa, por conseguinte, exercer o direito de participação em uma empresa determinada e, por causa disso, também não exerça o papel disciplinador esperado do mercado. Esse papel, por sua vez, é designado aos bancos e outras instituições financeiras, tal como prefigurado pelo que atualmente acontece no sistema *keiretsu* no Japão e na Alemanha.

Por ser um economista, Roemer está preocupado em mostrar que o seu sistema não é menos eficiente do que o capitalista. Mas suponhamos que ele esteja errado. Suponhamos que seu modelo – ou qualquer outro modelo socialista ou semissocialista – seja menos eficiente em algum aspecto econômico do que o capitalismo-padrão. A conclusão apropriada que devemos tirar desse fato não deve ser, necessariamente, a de que estamos fadados ao capitalismo: afinal, a eficiência é apenas um valor importante e demonstraríamos completa falta de equilíbrio insistindo que mesmo pequenas deficiências nesse valor deveriam ser eliminadas, independentemente dos custos disso para os valores da igualdade e da comunidade. Isso porque a eficiência, em um sentido relevante do termo, significa apenas um meio de prover os bens e serviços que queremos quando não levamos em consideração a qualidade das nossas vidas e outros aspectos dela, e a qualidade das nossas relações com nossos concidadãos. Por que não deveríamos fazer *nenhum* sacrifício quanto ao primeiro valor em nome dos dois últimos?

O socialismo de mercado não satisfaz plenamente os critérios de justiça distributiva exigidos pelo socialismo, mas se sai muito melhor nesse quesito do que o capitalismo de mercado e, por essa razão, trata-se de um projeto digno de ser considerado de um ponto de vista socialista. Entretanto, o socialismo de mercado ainda é inadequado de acordo com os critérios socialistas, na medida em que é profundamente injusto um sistema que gera altas remunerações para quem tem a sorte ou a fortuna de vir a ser extraordinariamente talentoso ou que seja capaz de formar cooperativas altamente eficientes. O socialismo de mercado é deficiente também porque as trocas de mercado sob as quais o sistema é erigido tendem a entrar em conflito com o valor da comunidade.

Poderíamos ir mais longe do que Roemer em direção a um sistema de incentivos que não seja de mercado? Honestamente, não sei se os refinamentos teóricos necessários para isso são possíveis e nem se, de maneira mais geral, o ideal socialista é plenamente realizável, seja na forma do modelo carensiano ou em qualquer outra variante. Nós, socialistas, não sabemos *neste momento* como replicar os procedimentos de um acampamento em larga escala, levando em consideração a complexidade e variedade decorrentes da dimensão nacional. Não sabemos *neste momento* como conferir o real significado que a propriedade coletiva e a igualdade possuem na nossa história do acampamento, significados esses que não podem ser encontrados na União Soviética nem em Estados dirigidos de modo similar. As restrições de ordem temporal, espacial e populacional de um acampamento significam que, dentro dessas restrições, o direito de escolha de uma pessoa pode ser exercido consistentemente e sem grandes tensões com os ideais de igualdade e comunidade. Todavia, em uma escala social, não sabemos como respeitar as escolhas pessoais de maneira consistente com a igualdade e a comunidade, embora possamos fazer isso em contextos mais restritos. Mas, por outro lado, não acho que possamos sustentar que nunca saberemos como fazer isso: quanto a essa questão, permaneço agnóstico.

A tecnologia necessária para empregar motivos torpes como um meio legítimo para a produção econômica eficaz é razoavelmente bem entendida. De fato, a história do século XX nos encoraja a pensar que a maneira mais fácil de garantir altos níveis de produtividade em uma sociedade moderna passa justamente pela promoção dos motivos comentados anteriormente, a saber, a ganância e o medo. Mas não devemos nos enganar: ganância e medo são motivações humanas repugnantes. Afinal, quem poderia propor seriamente a organização de uma sociedade alicerçada nessas motivações e, consequentemente, fundamentada na psicologia humana correspondente, caso essas motivações não fossem reconhecidamente eficazes, isto é, caso não fosse reconhecido seu valor estritamente instrumental? Na famosa passagem na qual Adam Smith endossa as relações de mercado, ele ressalta que, quando acreditamos que o açougueiro nos proverá carne, não depositamos nossa crença na generosidade do açougueiro, mas sim em seu interesse próprio. Nesse sentido, podemos afirmar que Smith propôs uma justificativa totalmente instrumental da motivação de mercado em face do caráter intrinsicamente repulsivo dessa motivação. Socialistas à moda antiga muitas vezes ignoram o ponto de Smith, apoiados em uma condenação moralista da motivação de mercado incapaz de avaliar a importância da sua justificação instrumental. Contemporaneamente, socialistas de mercado superconfiantes tendem, por outro lado, a esquecer que o mercado é intrinsecamente repugnante porque se encontram ofuscados pela descoberta, algo tardia, do valor instrumental dele. Trata-se de um mérito dos mecanismos de mercado sua capacidade de (1) recrutar motivos torpes para (2) fins desejáveis; mas (3) eles continuam produzindo efeitos indesejáveis, incluindo desigualdades injustas importantes. De uma perspectiva mais equilibrada, os três lados dessa proposição devem permanecer sob o foco do socialismo, apesar de muitos socialistas de mercado, hoje, tenderem a negligenciar inconscientemente (1) e (3). Tanto (1) como (2) eram considerados centrais por Bernard

Mandeville, pioneiro escritor do século XVII cuja obra apologética das virtudes do mercado, *A fábula das abelhas,* possuía o subtítulo *Vícios privados, benefícios públicos.*[9] Entusiastas contemporâneos do mercado suavizam demais a verdade contida na primeira parte do subtítulo de Mandeville.

---

9 *A fábula das abelhas ou Vícios privados, benefícios públicos.* Trad. Bruno Costa Simões. São Paulo: Editora Unesp, 2011 [publicado originalmente em 1714]. (N. T.)

V

Coda

Qualquer tentativa de colocar em prática o ideal socialista enfrentará resistência do poder capitalista estabelecido e do egoísmo dos indivíduos. Pessoas politicamente responsáveis precisam levar a sério esses dois obstáculos. Contudo, essas dificuldades não são boas razões para depreciar o ideal socialista. Depreciá-lo porque ele enfrenta resistência leva-nos à confusão, e a confusão produz práticas políticas desorientadas: existem contextos nos quais o ideal *pode* ser promovido e em que, no entanto, a sua promoção é realizada de maneira mais relutante do que deveria devido à falta de clareza sobre o que é o ideal socialista.

A aspiração socialista é expandir a justiça e a comunidade para a nossa vida econômica como um todo. Como mencionei antes, atualmente sabemos que não sabemos como fazer isso hoje e, além disso, muitos pensam que atualmente sabemos que isso é impossível de ser feito. Porém, conquistas comunitárias em domínios específicos, como nos cuidados da saúde e na educação, foram capazes de sustentar formas de produção e distribuição viáveis no passado, e é imperativo, hoje, defender o valor da comunidade, uma vez que esse valor se encontra sob forte ameaça pelo princípio de mercado. A tendência natural do mercado é aumentar o escopo das relações sociais que se encontram sob seu domínio, tendo em vista que empreendedores buscam explorar oportunidades nas margens daquilo que ainda não é, mas pode vir a ser, uma mercadoria. Deixada por si própria, a dinâmica capitalista se autoalimenta, o que faz que os socialistas precisem do poder da política organizada para se opor a essa dinâmica: seus oponentes capitalistas, que apenas seguem a força do sistema, precisam menos desse poder (o que não significa afirmar que careçam dele!).

Concordo com Albert Einstein na afirmação de que o socialismo é a tentativa da humanidade de "derrotar, e deixar para trás, a fase predatória do desenvolvimento humano".[10] Qualquer mercado, até mesmo um mercado socialista, é um sistema de predação. Até agora, nossa tentativa de deixar para trás a predação falhou. Não acredito que a conclusão correta seja desistir.

---

10 A referência encontra-se no artigo "Why Socialism?", publicado por Albert Einstein na primeira edição do periódico socialista *Monthly Review*, em maio de 1949. (N. T.)

Posfácio

G. A. Cohen: De volta aos princípios socialistas

Lucas Petroni[1]

I

Em novembro de 1993, um grupo de intelectuais progressistas reuniu-se em Londres, na sede do Institute for Public Policy Research (IPPR), um *think tank* progressista associado ao Partido Trabalhista inglês, com o propósito de debater o futuro da esquerda no país.[2] Depois

---

1 Escola de Economia de São Paulo (EESP-FGV), Centro Brasileiro de Análise e Planejamento (Cebrap).
2 As principais contribuições desse debate, bem como uma contextualização do ambiente político no qual ele ocorreu, podem ser encontradas no relatório da IPPR intitulado *Equality*, organizado por Jane Franklin (IPPR, 1997). A contribuição de Cohen – "Back to Socialist Basics" – foi publicada originalmente na edição de set./out. de 1994 da *New Left Review* (disponível em: https://newleftreview.org/issues/i207/articles/g-a-cohen-back-to-socialist-basics.pdf) e republicada

de quase duas décadas de governos conservadores, incluindo os derradeiros onze anos de governo Thatcher, o Partido Trabalhista estava decido a romper com o ciclo de perdas eleitorais e, assim, voltar ao governo. Na dianteira desse movimento estava uma nova coalização trabalhista liderada pelo futuro primeiro-ministro Tony Blair e que, posteriormente, viria a ser conhecida como *New Labour*. Um dos principais objetivos dessa nova aliança progressista era a reformulação radical de princípios socialistas tradicionalmente associados ao partido. Por trás do *New Labour* existia a crença de que, se a esquerda quisesse de fato voltar a ter alguma relevância política, ela deveria fazer exatamente o que a *direita* havia feito na geração anterior, a saber, ofertar uma perspectiva radicalmente nova no mercado eleitoral para os problemas vigentes da sociedade inglesa. Do ponto de vista interno ao partido, isso significava, sobretudo, deixar para trás compromissos políticos tradicionais, como a interpretação socialista do valor da igualdade, e endossar a autoconfiança liberal nos mercados como instrumento essencial para

---

como o Capítulo 10 da coletânea *On the Currency of Egalitarian Justice and Other Essays in Political Philosophy* [Sobre a métrica da justiça igualitária e outros ensaios de filosofia política], editada por Michael Otsuka (Princeton University Press, 2011). Utilizarei a versão de 2011 como referência ao longo deste texto.

a proteção de liberdades individuais e promoção da justiça.

As novas bases filosóficas do Partido Trabalhista ficaram a cargo da Comissão sobre Justiça Social, e os resultados desses esforços, bem como uma série de medidas práticas embasadas nessa nova visão, orientaram a discussão de 1993 no IPPR. Bernard Williams, um dos filósofos morais mais importantes do século XX e membro ilustre da referida comissão, foi o responsável por defender a visão majoritária (pró-reforma) que, resumidamente, apresentava três propostas substantivas:

1. A esquerda deveria abandonar os princípios socialistas por *motivos estratégicos* caso quisesse disputar seriamente o poder.
2. A esquerda deveria abandonar a interpretação socialista da igualdade, centrada na igualdade de resultados, em nome de uma interpretação liberal, centrada na *oportunidade* de resultados, legitimando, com isso, formas de desigualdade provenientes da competição social e do mérito individual.
3. A esquerda deveria abandonar o valor da comunidade como um ideal social *desejável*, em nome do princípio de ganhos mútuos entre indivíduos, o que seria, por sua vez, mais consonante com o funcionamento de uma sociedade de mercado.

Sabemos que os defensores e defensoras das propostas da comissão venceram a batalha no interior do partido e, entre 1997 e 2010, governaram a Inglaterra orientados pelo espírito da "terceira via" entre capitalismo e socialismo. Essa vitória intrapartidária foi tamanha que significou inclusive a alteração estatutária de componentes centrais da carta de princípios trabalhista.[3] Do lado de cá do Atlântico, um movimento ideologicamente similar já havia chegado ao poder nos Estados Unidos com a vitória de Bill Clinton nas eleições de 1993.

Com uma vantagem histórica de três décadas de diferença, nas quais se deram uma guerra ilegítima no Oriente Médio (em grande medida responsável pela atual crise migratória europeia), a desregulamentação do mercado financeiro, a Grande Recessão, o aumento das

---

3 O exemplo mais famoso foi, sem dúvida, a alteração da cláusula IV, escrita originalmente por Beatrice e Sidney Webb e adotada em 1918. De acordo com a cláusula, a fim de assegurar aos trabalhadores e trabalhadoras o valor equitativo do seu trabalho, seria necessária a "propriedade comum [*common ownership*] dos meios de produção, distribuição e troca", além do "controle e administração popular" da indústria e dos serviços. Em 1995, já sob o governo de Tony Blair, uma nova cláusula foi adotada em seu lugar, a qual passou a estabelecer que o poder, a riqueza e as oportunidades sociais "devem estar nas mãos dos muitos, e não de poucos". Para uma reconstrução detalhada desse debate da perspectiva da filosofia política, ver o capítulo 2 de William Edmundson, *John Rawls: A Reticent Socialist* [John Rawls: um socialista reticente]. Cambridge: Cambridge University Press, 2017.

desigualdades econômicas, o retorno do fascismo politicamente organizado (sustentado, na Europa e nos Estados Unidos, pelo voto da classe trabalhadora) e, especificamente no caso inglês, a tragédia política do Brexit, podemos especular se essa recusa dos princípios socialistas foi, de fato, a melhor escolha para a esquerda.

O fato é que, o que quer que venhamos a concluir sobre ela, essa revisão histórica não foi isenta de críticas e controvérsias no momento de sua articulação. Uma das frentes de oposição às suas propostas foi encabeçada pelo filósofo e, possivelmente, um dos pensadores socialistas mais originais do seu tempo, o canadense G. A. Cohen. A resposta de Cohen consistiu em uma recusa minuciosa e categórica de cada uma das três proposições apresentadas pela comissão. Em relação à proposição (1), para Cohen, seria um grande equívoco *estratégico* o abandono de princípios políticos motivado apenas pelo sucesso eleitoral. Quaisquer que sejam as razões que tenhamos para revisar ou reinterpretar os princípios constitutivos de uma moralidade política – e Cohen não era *por princípio* contra a revisão de princípios –, razões puramente estratégicas não constituem as razões certas para tal. Isso porque, em primeiro lugar, apenas razões morais, e não razões estratégicas, podem refutar a validade *moral* de princípios normativos. Dito de outro modo, as pessoas não reconhecem a validade de princípios normativos, isto é, não acreditam como o mundo *deveria ser*, com base naquilo que as pessoas em geral, ou a maioria dos eleitores, *de fato* tendem a preferir em matéria de princípios. Socialistas não acreditam em princípios socialistas apenas porque é isso que faz o movimento ganhar as eleições, mas o contrário: socialistas apoiam e criticam os movimentos e partidos que expressam e defendem os princípios corretos.

É verdade, contudo, que certos princípios podem se mostrar terrivelmente errados e que tenhamos razões (morais) para reformulá-los. Além disso, nem todos os princípios são igualmente populares em um determinado contexto eleitoral, além de não podermos descartar o fato de que muitas vezes partidos políticos perdem eleições por conta dos princípios em que acreditam. Todavia, o ponto de Cohen é que, mesmo considerando a validade de todas essas afirmações, abrir mão de princípios em nome de razões estratégicas pode ser, em si mesmo, um problema estratégico. Afinal, como ele afirma, "podemos nos perguntar sobre quais são os nossos princípios, isto é, em que acreditamos apaixonadamente, e podemos também nos perguntar sobre qual é o melhor modo de ganhar a próxima eleição". O que não podemos fazer é "nos perguntar sobre quais princípios deveríamos endossar, isto é, sobre aquilo que deveríamos acreditar apaixonadamente, como *um meio* de ganhar a próxima eleição".[4] A pergunta sobre a melhor estratégia política em um determinado contexto não pode ser respondida com a confecção de princípios talhados para ganhar uma eleição, seja porque não é assim que princípios normativos funcionam, mas seja também porque, no mais das vezes, eleitores e eleitoras podem estar buscando partidos que acreditem apaixonadamente em seus próprios princípios, e não partidos que apenas ganhem eleições.

O exemplo da vitória eleitoral da direita no final dos anos de 1970 na Inglaterra e nos Estados Unidos ilustra com exatidão a lógica desse argumento. Autores liberais-conservadores e libertarianos como Frederick von Hayek e Robert Nozick foram bem-sucedidos em inspirar uma geração vitoriosa de líderes e intelectuais de direita porque ofereceram – e não *a despeito de* oferecerem – uma visão radicalmente intransigente dos princípios tradicionalmente defendidos pela direita, como a tese da virtude emancipatória do livre-mercado (Hayek) e a prioridade moral absoluta da propriedade privada (Nozick). Segundo Cohen, esse seria um excelente contraexemplo histórico à

---

[4] G. A. Cohen, "Back to Socialist Basics", op. cit., p.216.

tese da comissão: no caso em questão, princípios extremamente demandantes do ponto de vista moral mostraram-se uma estratégia eleitoral de sucesso.[5] Qualquer força política em uma democracia precisa ter clareza e convicção sobre quais princípios suas apoiadoras e apoiadores deveriam acreditar, e interpretar esses princípios de um modo compatível com as possibilidades econômicas, políticas e sociais que temos que enfrentar. O sucesso político de um partido depende de sua capacidade de realizar adequadamente essas duas tarefas, e não de trocar uma tarefa pela outra.

A desconfiança generalizada de princípios normativos na política progressista, para Cohen, seria fruto de uma confusão conceitual sobre o próprio papel de princípios na política democrática. A divisão do trabalho social, o pluralismo moral e a integração internacional

---

5 É interessante notar que Hayek, uma geração antes, no auge da era social-democrata europeia, tenha tido uma percepção semelhante sobre a esquerda: "[a] principal lição que os verdadeiros liberais [neoliberais] precisam aprender com o socialismo é que foi a coragem utópica dos socialistas que possibilitou o apoio dos intelectuais e, em consequência, sua influência sobre a opinião pública, tornando possível o que, até recentemente, era pensado como algo irremediavelmente remoto. [...] Precisamos tornar, uma vez mais, a construção de uma sociedade livre em uma aventura intelectual, um feito de coragem. Precisamos, em suma, de uma utopia liberal!" (Friedrich Hayek, The Intellectuals and Socialism, *Studies in Philosophy, Politics and Economics*, p.194.)

das democracias liberais são três circunstâncias políticas que tornam *qualquer* ideal político (e não apenas o ideal socialista) impossível de ser implementado *tout court*. Isso significa, portanto, que seria tolo exigir de princípios normativos um projeto de engenharia social ou um catálogo de políticas públicas *prêt-à-porter*. Em vez disso, tais princípios têm como função nos ajudar a identificar quais considerações e objetivos sociais são moralmente inegociáveis e, com isso, oferecer algum tipo de orientação prática *sobretudo* quando precisamos ceder ou reinterpretar nossos objetivos ideais diante de obstáculos políticos concretos. Políticos e ativistas podem barganhar e pressionar com convicção por propostas aquém do ideal justamente porque acreditam, com convicção, que vale a pena cada centímetro conquistado rumo à direção da concretização desse ideal. Nem mesmo os consensos social-democrata e neoliberal, em seus picos de vitória e apoio eleitoral, conseguiram realizar plenamente tudo aquilo que prescreviam à sociedade. Não levar a sério os princípios que acreditamos, ou abrir mão deles por motivos estratégicos, equivaleria, para Cohen, a não saber por que, afinal, devemos continuar lutando para ganhar as próximas eleições.

O problema estratégico, no entanto, não é a única razão pela qual Cohen rejeitou a proposta majoritária preconizada pela comissão. Contra as proposições (2) e (3), ele procurou mostrar que, a despeito de o relatório oferecer *uma* concepção de justiça para o Partido Trabalhista – a reformulação do valor da igualdade, de um lado, e a abdicação do valor da comunidade, de outro –, tal concepção seria incompatível com a lógica moral do socialismo. Para Cohen, as reformulações recomendadas não satisfariam o ideal de sociedade almejado pelos esforços históricos e reivindicações morais dos movimentos socialistas e, portanto, não deveriam ser aceitas pela esquerda.

No que diz respeito à proposição (2), Cohen recusa o abandono de uma intepretação socialista do valor da igualdade em nome de uma interpretação liberal, segundo a qual a distribuição de renda e riqueza é justificada caso for utilizada para satisfazer as necessidades básicas dos indivíduos, de um lado, e expandir as oportunidades individuais na competição por posições sociais valiosas, de outro. Ou seja, o valor da igualdade deveria ser compreendido como um ideal de regulação justa da *competição social* entre indivíduos igualmente habilidosos e motivados pelos melhores cargos e posições sociais. Para isso, todos os indivíduos deveriam contar com chances equitativas de sucesso, interpretadas com base em um nível suficiente de recursos essenciais e na ausência de padrões discriminatórios.

Por que não o socialismo?

Cohen certamente não nega a importância dessas duas considerações. O que ele argumenta, contrariamente à concepção liberal da igualdade social, é que a causa socialista deveria insistir em um princípio de igualdade de oportunidades *socialista* de acordo com o qual "a quantidade de benefícios e encargos na vida de uma pessoa deve ser aproximadamente igual à quantidade das outras pessoas".[6] Raras são as concepções de justiça que *negariam* a legitimidade de distribuições de recursos com base nas necessidades mínimas das pessoas – ainda que elas decerto existam.[7] Já aquelas desigualdades (justificadas) por razões de mérito e esforço individuais são mais controversas na tradição igualitária e precisam ser mais bem analisadas.

Mantendo todas as coisas constantes, se alguém produz mais do que outra pessoa em uma mesma situação, isso ocorre ou porque a primeira se esforçou mais, ou porque suas habilidades e talentos são tidos como mais valiosos pela sociedade. No segundo caso, e em parte também no primeiro, o diferencial produtivo é fruto das circunstâncias moralmente arbitrárias nas quais essa pessoa foi socializada e a partir das quais seus dotes naturais (não escolhidos)

---

6 G. A. Cohen, Back to Socialist Basics, op. cit., p.220.
7 Dois exemplos são: a teoria das titularidades de Robert Nozick e as várias encarnações do darwinismo social.

foram valorizados pela sociedade em questão, um tipo de esforço cooperativo no qual não escolhemos nascer. Para Cohen, podemos até ter razões *econômicas* para incentivar a remuneração desigual de talentos e habilidades, mas isso não significa que tenhamos razões propriamente morais para compensar distributivamente as pessoas pela fortuna pessoal – ou pela falta dela –, tanto quanto não temos razões morais para punir distributivamente pessoas que, por motivos de acaso, saúde, falta de oportunidade social, ou loteria genética estejam aquém dos potenciais produtivos tidos como socialmente valiosos. Dito de outra forma, mesmo uma sociedade procedimentalmente justa na distribuição de oportunidades sociais teria boas razões políticas e sociais para limitar o grau de desigualdade de resultados entre as pessoas, uma vez que dependem, tanto como o esforço individual, de fatores externos aos indivíduos. A lógica moral da igualdade, para o socialismo, seria a adoção de critérios equitativos *tanto* para as desvantagens pessoais não merecidas, como para as *vantagens* sociais e naturais igualmente imerecidas.[8]

---

8 Um terceiro ponto importante na réplica de Cohen diz respeito às (supostas) restrições impostas à liberdade pessoal pela taxação de rendimentos. Segundo Cohen, devemos avaliar intervenções estatais com base no saldo líquido de liberdades negativas acrescentadas e subtraídas por uma determinada

Finalmente, quanto à proposição (3), Cohen recusa a proposta de eliminação da comunidade, enquanto valor fundamental, do vocabulário do Partido Trabalhista. Por "comunidade", Cohen entende o "princípio antimercado de acordo com o qual eu sirvo você não porque eu posso ganhar alguma coisa com isso, mas porque você necessita do meu serviço".[9] A lógica da comunidade e do mercado seriam incompatíveis na medida em que cada um desses princípios motiva contribuições produtivas de uma maneira diferente.

A contribuição produtiva em uma atividade regulada pelo mercado é motivada, tipicamente, por uma "mistura de ganância e medo": as pessoas com quem troco no mercado são concebidas por mim como uma possível fonte de enriquecimento ou de ameaça. Modos comunitários

---

política redistributivas – isto é, aquilo que um sistema redistributivo *diminui* da liberdade de alguns para *aumentar* a liberdade de outros. Essa tese é desenvolvida com mais detalhes por ele nos artigos "Freedom e Money", *Revista Argentina de Teoria Jurídica* 2, 2001, p.1 -32; (disponível em: https://repositorio.utdt.edu/bitstream/handle/20.500.13098/6293/RATJ_V02N2_Cohen.pdf?sequence=1&isAllowed=y, e republicado como o Capítulo 8 de *On the Currency of Egalitarian Justice*); e "Freedom, Justice and Capitalism", *The New Left Review* 126, 1981 (disponível em: https://newleftreview.org/issues/i126/articles/g-a-cohen-freedom-justice-and-capitalism.pdf) e republicado como o Capítulo 14 de *History, Labour and Freedom: Themes from Marx* [História, trabalho e liberdade: temas marxistas]. Oxford: Oxford University Press, 1988.

9 G. A. Cohen, Back to Socialist Basics, op. cit., p.217.

de reciprocidade, por sua vez, orientam a contribuição produtiva tendo em vista servir alguém que precisa do meu serviço e, com isso, ser servido em troca quando precisar. Uma diferença importante entre esses dois modos de reciprocidade é o fato de que, no segundo caso, o que uma pessoa obtém de sua contribuição social não é uma função exata do que a sociedade provém para ela. Em termos gerais, essa é a separação comunitária operada pelo slogan marxista da sociedade socialista: "de cada um segundo suas capacidades, a cada um segundo suas necessidades".[10] Uma sociedade na qual as pessoas se relacionam com base nas suas necessidades particulares, de um lado, e no desejo de desenvolverem suas capacidades para o benefício de todas as pessoas, de outro, seria uma sociedade moralmente melhor do que uma sociedade na qual as instituições promovem e, em *um sentido*, legitimam o medo e ganância.

Isso não significa, evidentemente, que saibamos como institucionalizar uma economia inteira fundada em motivações comunitárias. O modo mais fácil (porém, não necessariamente o mais sensato do ponto de vista ambiental) de promover a afluência econômica ainda é a institucionalização da reciprocidade

---

10 Karl Marx, *Crítica do Programa de Gotha*. Trad. Rubens Enderle, São Paulo: Boitempo Editorial, 2012, p.32.

de mercado. Medo e ganância generalizados são uma maneira eficiente de aumentar a produção econômica. Porém, isso nos diz apenas que existe uma justificação de tipo "extrínseca" para a promoção da reciprocidade de mercado: o que há de valioso nessa motivação é o seu resultado, as consequências materiais advindas do seu funcionamento, e não *os motivos* que fazem a engrenagem do mercado funcionar. "A genialidade do mercado", afirma Cohen, "é a de recrutar motivos torpes para fins desejáveis [mas] de um ponto de vista equilibrado, os dois lados dessa proposição precisam ser levados em consideração".[11]

Ao abandonarmos o princípio de comunidade como um ideal *desejável*, corremos o risco de cometer a falácia da exequibilidade ou "das uvas verdes",[12] qual seja, o fato de algo ser inexequível sob determinadas condições não o torna *indesejável* do ponto de vista valorativo. O fato de que, até o momento, não fomos bem-sucedidos na tarefa de conceber instituições capazes de fomentar motivações comunitárias em larga escala, ou de que, no limite, essa generalização do princípio de comunidade simplesmente não possa ser realizada sob as condições históricas que conhecemos não torna as

---

11 G. A. Cohen, Back to Socialist Basics, op. cit., p.219.
12 Ver nota 7 do Preâmbulo, p.19.

motivações comunitárias ruins ou moralmente indesejáveis. Mesmo em uma sociedade de mercado temos boas razões para valorizar uma economia do cuidado em bases comunitárias, especialmente nos setores de saúde e educação, de promover modos de convívio comunitário como finalidades sociais valiosas em si mesmas e, podemos especular, alguma forma de compromisso entre mercado e comunidade provavelmente se mostrará necessária diante dos limites ecológicos da nossa reprodução econômica. Abrir mão do valor da comunidade por motivos de exequibilidade equivaleria, na prática, a incorporar aos programas socialistas o deprimente slogan de Gordon Gekko, personagem do filme *Wall Street*, de Oliver Stone, segundo o qual a ganância seria *moralmente boa* porque ela funcionaria na promoção da prosperidade.

O que motivou a crítica de Cohen à reforma dos princípios socialistas foi, acima de tudo, o perigo político da perda de uma linguagem comum para a articulação dos objetivos últimos da luta socialista. Ou seja, a perda de uma visão normativamente coerente da sociedade que almejamos e do futuro que queremos construir apoiado nessa visão. Cohen identifica pelo menos três conjuntos de perguntas diferentes a serem respondidas por qualquer perspectiva socialista nos dias de hoje: (i) questões de design, "Qual sociedade queremos?"; (ii) questões de justificação, "Por que queremos isso?"; e, finalmente, (iii) questões de estratégia: "Como realizar politicamente o que queremos?"[13] Em relação ao *New Labour*, Cohen acreditava que seus intelectuais orgânicos e entusiastas políticos teriam confundido as questões (i) e (iii) e teriam falhado em sua tentativa de resposta para a questão (ii). Esses foram erros que, vale dizer, a *New Right* não cometeu.

II

Não precisamos aqui examinar à exaustão os princípios da igualdade e comunidade defendidos por Cohen, uma vez que tanto a sua natureza moral como o problema de sua expansão social serão os objetos centrais de *Por que não o socialismo?*, último livro de Cohen publicado em vida. Neste livro que a leitora e o leitor têm em mãos, tanto os princípios como suas consequências práticas são apresentados de modo simples e preciso, com o propósito de serem compreendidos e avaliados por qualquer pessoa: aliadas e críticas do projeto socialista, acadêmicas, militantes, ou até mesmo por pessoas que nunca se perguntaram se devemos mudar nosso sistema socioeconômico. Isso não significa afirmar,

---

13 Ver *History, Labour and Freedom: Themes from Marx*, op. cit., p.xiii.

contudo, que a discussão sobre os fundamentos morais do socialismo seja um problema de fácil solução. Fazendo uma analogia com a célebre advertência de John Rawls, a respeito das quase seiscentas páginas de seu livro *Uma teoria da justiça*, o último livro de Cohen é breve, mas somente no número de páginas.[14] O ponto é que o livro ilustra com brilhantismo aquela que foi uma das marcas constitutivas da filosofia política do autor: o rigor conceitual e a clareza argumentativa.

Existe, no entanto, um problema preliminar que precisa ser enfrentado para que estas páginas ganhem sentido, especialmente quando se leva em consideração as discussões em torno do socialismo feitas em terras brasileiras. Não seria incomum nem injustificado que a leitora e o leitor estivessem se perguntando sobre as possíveis incongruências causadas pelo fato de um filósofo declaradamente socialista e, inicialmente *marxista*, afirmar que uma das tarefas centrais e urgentes do socialismo contemporâneo é a formulação de *princípios normativos*. E, todavia, essa é a tese central da filosofia política de Cohen: a avaliação de princípios normativos é uma tarefa ao mesmo tempo *urgente* e *necessária* para o projeto político socialista.

---

14 John Rawls, *Uma teoria da justiça*. Trad. Jussara Simões, rev. da trad. Álvaro de Vita, São Paulo: Martins Fontes, 1997, p.xlv.

Mas não seria propriamente a recusa de princípios morais abstratos e de visões utópicas da sociedade a principal diferença entre o assim chamado socialismo "utópico" e o socialismo "científico"? Não teria Engels argumentado, justamente contra projetos socialistas utópicos, que "o comunismo não é uma doutrina, mas um movimento", e que seus fundamentos são encontrados "não em princípios, mas nos fatos"?[15] Ou ainda, como explicado por Marx, que "os trabalhadores não têm nenhuma utopia pronta para introduzir *par décret du peuple* [nem] nenhum ideal a realizar", mas em vez disso deveriam se dedicar a "libertar os elementos da nova sociedade dos quais a velha e agonizante sociedade burguesa está grávida?"[16]

III

A trajetória filosófica de G. A. Cohen é indissociável das aventuras acadêmicas do marxismo analítico. O epíteto designa um agrupamento informal de filósofos, economistas e

---

15 Cf. Friedrich Engels, "Os comunistas e Karl Heizen", *Deutsche-Brüsseler-Zeitung*, n.79-80, 3 e 7 out. 1847 (disponível em: https://marxists.architexturez.net/archive/marx/works/1847/09/26.htm. Acesso em: 30 jun. 2023).

16 Karl Marx, *A guerra civil na França*. Trad. Rubens Enderle, São Paulo: Boitempo Editorial, 2011, p.60.

cientistas sociais que, durante a década de 1980 e até os princípios dos anos 2000, reuniram-se em torno da agenda de pesquisa comum da reconstrução das teses centrais do marxismo clássico com base nos métodos científicos e padrões acadêmicos vigentes.[17] Autores como Jon Elster e Adam Przeworski (ciência política), John Roemer e Phillip van Parijs (economia), Erik Olin Wright (sociologia), e o próprio G. A. Cohen (filosofia) tomaram para a si a tarefa intelectual de reconstruir o marxismo clássico a partir do slogan "comprometimento sem reverência".[18] O objetivo do marxismo analítico é o de reavaliar as teses centrais do marxismo com base na melhor forma de ciência social e filosofia atualmente em produção, o que constituiria um modelo de crítica análogo à crítica da (melhor) economia política produzida na época de Marx.

O adjetivo "analítico" associado ao marxismo refere-se a duas posições metodológicas diferentes que precisam ser bem compreendidas. A primeira delas é ampla e aceita por

---

17 Um relato de Cohen sobre o grupo pode ser encontrado na segunda edição de *Karl Marx's Theory of History: A Defence*. 2nd. ed. Princeton: Princeton University Press, 2000. A tradução brasileira é: *A teoria da História de Karl Marx: uma defesa*. Trad. Angela Lazagna, Campinas: Editora Unicamp, 2013.

18 Ou, ainda, no slogan oficioso: "marxismo sem bobagem" (*non-bullshit marxism*).

todos os participantes. Já a segunda é mais restrita e, de certa forma, polêmica mesmo dentro das hostes do marxismo analítico. Todos os marxistas analíticos, sem exceção, aceitam que a pesquisa científica e a defesa política orientada pelo marxismo precisam ser levadas a cabo com base na maior clareza argumentativa possível e dentro dos critérios e expectativas metodológicas exigidas pela ciência contemporânea. Isso significa, portanto, que todos os marxistas analíticos recusam a tese de que o marxismo possuiria um "método próprio", incompatível com o que é usualmente aceito nas ciências sociais e na filosofia contemporâneas. Exemplos da reorientação metodológica dos marxistas analíticos incluem o recurso à análise econômica neoclássica, o empregado da teoria da decisão racional e, na filosofia política, a análise conceitual e a avaliação de princípios normativos. Isso não justificaria, evidentemente, a troca de uma reverência por outra. Isto é, ao aderir à melhor ciência social e filosofia de sua época, marxistas analíticos procuram oferecer uma crítica interna dessas mesmas bases metodológicas, tanto quanto o marxismo clássico o fez em relação à economia política "burguesa" de seu tempo. Três contribuições teóricas surgidas dessa crítica dignas de nota são a teoria da racionalidade limitada de Elster, a reformulação da teoria da exploração em bases neoclássicas realizada por Roemer, e a crítica às teorias da justiça liberais encabeçada por Cohen.[19]

Já em seu sentido restrito, o marxismo analítico busca a microfundamentação de fenômenos sociais complexos que, no marxismo clássico, ou careciam de explicação, ou tendiam a ser explicados por raciocínios funcionalistas. Todavia, como mencionado, a recusa do holismo metodológico e de explicações funcionalistas foi um ponto de controvérsia dentro do grupo. O que *não é* controverso, por outro lado, é a recusa da dialética como um método de explicação social.[20] É verdade que nem sempre teremos boas explicações microfundamentas para oferecer, mas o fato é que *qualquer explicação*, mesmo as holistas e as funcionalistas, precisa atender às expectativas de rigor analítico e inteligibilidade discursiva típicas da linguagem cotidiana e da lógica convencional. Como

---

19 Outras contribuições importantes foram a renovação da análise de classes sociais (Olin Wright), o desenvolvimento teórico de um capitalismo de renda básica incondicional (Van Parijs), e a teoria da democracia deliberativa como radicalização dos pressupostos da justiça liberal (Joshua Cohen).

20 E, consequentemente, a recusa da dialética também como uma tese ontológica acerca da constituição da realidade. Sobre a recusa da dialética no marxismo analítico, ver Jon Elster, *Marx hoje*. Trad. Plínio Dentzien, São Paulo: Paz e Terra, 1989, Cap.1, e G. A. Cohen, *If Your're An Egalitarian, How Come Your're So Rich?* [Se você é igualitário, como pode ser tão rico assim?]. Havard: Harvard University Press, 2001, caps.3-4.

explica Cohen sobre o sentido metodológico do marxismo analítico: "é sempre o marxismo, e não a análise, que está em questão, e a análise é utilizada para questionar o marxismo".[21]

Poderia ser argumentado que um marxismo sem dialética é um jeito estranho de revitalizar o projeto marxista. Porém, esse é um estranhamento metodologicamente enviesado de saída, já que outras correntes marxistas também recusaram aspectos do núcleo duro do programa de pesquisa marxista e continuaram a se alinhar ao marxismo sem grandes problemas. O próprio (assim chamado) marxismo ocidental, por exemplo, tende a manter o apreço pela dialética a todo custo, inclusive *contra* certos pressupostos da produção de conhecimento tidos como inquestionáveis para Marx. Diante dos inúmeros fracassos explicativos do marxismo no começo do século XX, Georg Lukács ofereceu a seguinte resposta metodológica:

> suponhamos, pois [...] que a investigação contemporânea tenha provado a inexatidão prática *de cada afirmação* de Marx. Um marxista "ortodoxo" sério poderia reconhecer *incondicionalmente todos esses novos resultados*, rejeitar *todas as teses particulares* de Marx, sem, no entanto, ser obrigado, por um único instante, a renunciar à

---

21 G. A. Cohen, *Karl Marx's Theory of History*, op. cit., p.xxiv.

sua ortodoxia marxista [...] Em matéria de marxismo, a ortodoxia se refere antes e exclusivamente ao *método* [...] a convicção [...] de que, com o marxismo dialético, foi encontrado o método de investigação correto [....].[22]

Gostemos ou não do marxismo analítico, somos obrigados a concordar que, em matéria de apropriações exóticas das intenções originais de Marx, ele não está sozinho. Empregar as ferramentas analíticas da teoria dos jogos para explicar, por exemplo, os obstáculos à agência revolucionária é tão pouco ortodoxo do ponto de vista do marxismo clássico como recorrer à "ciência burguesa" da psicanálise, à ontologia reacionária de Martin Heidegger, ou ao pessimismo apolítico de uma dialética negativa. O que a história do marxismo nos ensina é que precisamos, sempre, de argumentos claros e convincentes que justifiquem por que e como devemos reformular essas teses, mais do que convicções metodológicas *a priori*.

De um ponto de vista biográfico, podemos afirmar que Cohen aderiu ao marxismo de modo incondicional apenas na primeira fase de sua carreira – mais ou menos até a publicação de *A teoria da história de Karl Marx: uma defesa*

---

22 Georg Lukács, *História e consciência de classe*. Trad. Rodnei Nascimento, São Paulo: Martins Fontes, 2003, p.64 (grifos meus).

em 1987 –, e não faria sentido atribuir a ele o projeto de compatibilizar o *marxismo* com a filosofia política contemporânea. O que faz todo sentido, por outro lado, é atribuir ao seu projeto uma tentativa de criticar internamente algumas das teses centrais do marxismo como a melhor maneira de avançar com o projeto socialista pós-marxista. Como o próprio Cohen nos conta, ele teria sido despertado de seu "sono dogmático marxista" ao tomar contato com as então recém-publicadas teorias da justiça de Robert Nozick e John Rawls, o que, por sua vez, o teria obrigado, no começo de forma incidental, mas no final de modo obsessivo, a reformular o projeto socialista a partir de uma série de críticas internas às teorias normativas da justiça.[23]

IV

Iríamos muito além dos propósitos deste posfácio se nos propuséssemos aqui a apresentar e avaliar os ganhos filosóficos trazidos por esse debate entre marxismo analítico e teorias

---

23 Mais especificamente, Cohen nos conta que foi o argumento do Wilt Chamberlain, apresentado por Nozick em *Anarquia, Estado e utopia* contra (dentre outras) a teoria da justiça de Rawls que o despertou desse sono dogmático. Ver *History, Labour and Freedom: Themes from Marx*, op. cit., p.4-5.

da justiça.²⁴ Gostaria, no entanto, de encerrar este texto apresentando os dois motivos pelos quais Cohen acredita que a forma contemporânea do socialismo (e não mais o socialismo classicamente marxista) não apenas permite, mas, ao mesmo tempo, *exige* a discussão de princípios normativos. Isto é, por que a própria evolução histórica da luta socialista passou a exigir que mobilizemos uma defesa normativa do socialismo, uma tarefa "posta [hoje] diante da filosofia política socialista que não precisava ser enfrentada no passado".²⁵ Oferecer uma defesa normativa da sociedade socialista hoje satisfaz, de modo surpreendente, o velho compromisso marxista de conceber a luta socialista como o "movimento real" da luta contra os limites da sociedade capitalista, uma vez as razões que nos obrigam a incorporar princípios normativos à luta socialista são elas próprias uma exigência do desenvolvimento histórico da luta socialista.

O primeiro motivo pelo qual princípios normativos passaram a ser imprescindíveis aos esforços socialistas contemporâneos pode ser denominado de "fragmentação da agência

---

24 Duas introduções a esse debate são encontradas no Capítulo 4 do livro de Roberto Gargarella *As teorias da justiça depois de Rawls*. Trad. Alonso Freire, São Paulo: Martins Fontes, 2008, e no livro de Nicholas Vrousalis *The Political Philosophy of G. A. Cohen: Back to Socialist Basics*. London: Bloomsbury, 2015.
25 A. G. Cohen, *If Your're an Egalitarian*, op. cit., p.111.

socialista". O segundo, de "problema da escassez". Os dois problemas são o resultado direto da refutação de teses *empíricas* pressupostas pelo marxismo clássico.[26]

O primeiro pressuposto é o de que, nas origens do movimento trabalhista organizado, existia uma confluência harmônica de razões morais para lutarmos contra o capitalismo. O aumento constante da exploração econômica faria com que a luta socialista tendesse a crescer tanto em sua dimensão quantitativa, incorporando cada vez mais setores agrários e a pequena burguesia urbana, como qualitativa, ao aumentar os recursos organizacionais e a compreensão técnica dos oponentes do capitalismo. Da perspectiva do marxismo clássico, o proletariado seria potencialmente, e ao mesmo tempo, (1) a imensa maioria da sociedade, (2) o verdadeiro produtor de riquezas sociais, (3) as pessoas realmente exploradas pela produção econômica e, ainda, (4) as pessoas mais vulneráveis economicamente. O que equivale a afirmar que quatro razões morais diferentes contra a lógica capitalista estariam

---

26 Ibid., cap.6. Parte do argumento foi traduzida para o português em "A igualdade como norma e o (quase) obsoleto marxismo". Trad. Álvaro de Vita, *Lua Nova: Revista de Cultura Política*, n.33, 1994, disponível em: https://www.scielo.br/j/ln/a/RWCFmMpCXDfsHtK5K7xv4bP/?lang=pt, acesso em: 30 jun. 2023.

incorporadas ao movimento trabalhista organizado e, *a fortiori*, na agência de transformação revolucionária da sociedade.

Digamos, por exemplo, que você seja um democrata ou uma democrata convicta. Então, é de se esperar que você tenha boas razões para apoiar o movimento trabalhista, já que ele engloba a grande maioria da sociedade. Digamos, por outro lado, que você seja uma humanista. Neste caso, você também teria boas razões para apoiar um movimento dedicado à proteção das pessoas mais vulneráveis. O mesmo seria o caso se a sua principal preocupação política repousasse no combate à injustiça da exploração das trabalhadoras, ou no fato de que, não obstante os trabalhadores e as trabalhadoras serem os verdadeiros produtores de riqueza social, serem elas e eles quem vivem à margem dessa riqueza.

Contudo, como sabemos, a tese da proletarização crescente da sociedade não se mostrou verdadeira e, com ela, perdemos também a harmonização de razões normativas contra a sociedade capitalista. Podemos debater se essa confluência natural de razões estava, de fato, presente no contexto do capitalismo *laissez faire* do final do século XIX. Porém, nas circunstâncias históricas atuais, é indiscutível que essas razões entram em conflito. Fiquemos com apenas um dos dilemas cruciais da agência política socialista.

Não é verdade que, hoje, (4) as pessoas mais vulneráveis economicamente sejam elas também (2) as verdadeiras produtoras da riqueza social. A criação dos regimes distributivos, alicerçados nas conquistas do Estado de Bem-Estar Social, faz com que *nem sempre* as pessoas que mais necessitam de auxílio social sejam aquelas mais inseridas na força de trabalho. Isso significa, por exemplo, que conflitos distributivos *entre* a parte de baixo da distribuição social precisarão ser ponderados por critérios normativos. Afinal, por que um trabalhador formal em um setor relativamente bem remunerado do proletariado deveria, sem mais, preferir que a remuneração do seu trabalho seja utilizada para a manutenção de programas sociais para outros grupos sociais com os quais não possui relação, ou, no caso de imigrantes, grupos com os quais possui potencialmente uma rivalidade de interesses? Políticas de bem-estar social podem abocanhar parte dos esforços produtivos dos indivíduos tanto quanto a cobiça dos capitalistas. A diferença nos dois casos é a justificativa moral dessa apropriação.[27]

---

27 Outro exemplo de conflito de razões diz respeito à perda de garantia de que, automaticamente, a proletarização transformará (1) a imensa maioria da sociedade nas (3) pessoas brutalmente exploradas pela reprodução capitalista e, com isso, compartilhando os mesmos interesses políticos. Novamente,

O que tornava o movimento trabalhista uma força revolucionária natural da perspectiva do marxismo clássico era a crença de que ele contaria, ao mesmo tempo, com as condições subjetivas para a sua emancipação – as razões (3) e (4) apresentadas acima – e com as condições objetivas para a realização desse objetivo – as razões (1) e (2). Todavia, hoje somos obrigados a concluir que não apenas a proletarização absoluta nunca ocorreu como, além disso, sociedades democráticas descobriram que, quanto mais igualdade econômica e bem-estar social uma sociedade é capaz de produzir para seus membros, maior será a diversidade de demandas morais que precisarão ser arbitradas e, consequentemente, os agentes políticos socialistas precisarão se engajar cada vez *mais* em argumentos normativos. "A desintegração [da agência socialista]", argumenta Cohen, "gera a necessidade intelectual [...] de termos clareza sobre valores e princípios de um modo nunca antes necessário na defesa do socialismo".[28]

O segundo motivo pelo qual socialistas precisam contar com princípios normativos distributivos diz respeito ao falseamento – pelo menos dentro do horizonte histórico no qual

---

uma estratificação social complexa torna essa expectativa pouco crível.

28 A. G. Cohen, *If You're an Egalitarian*, op. cit., p.109.

nos localizamos – da tese da abundância material generalizada, tal como ela era preconizada pelo materialismo histórico. A principal razão pela qual Marx ridicularizava a justiça distributiva como um objetivo importante na causa operária era motivada por sua crença no desenvolvimento exponencial das forças produtivas e, logo, em sua crença no progresso da capacidade humana de controlar e transformar a natureza para seus propósitos práticos. Lembremos que em sua crítica feroz à justiça distributiva levada adiante na *Crítica do Programa de Gotha*, Marx tinha convicção quanto à possibilidade de "uma fase superior da sociedade comunista" – na qual "todas as fontes da riqueza coletiva" jorrariam "em abundância" – enquanto um estágio do desenvolvimento das forças produtivas que *por si só* seria suficiente para ultrapassar "o estreito horizonte jurídico burguês" (e suas concepções de justiça social) e, com isso, separar, *por razões de ordem tecnológica,* a contribuição produtiva das pessoas de suas necessidades materiais.[29] Conflitos distributivos deixariam de fazer sentido em uma sociedade na qual todas as nossas necessidades materiais seriam satisfeitas.

O problema com essa visão (utópica?) é que, mesmo se a confiança no progresso tecnológico

---

29 Marx, *Crítica ao Programa de Gotha*, op. cit., p.31-2.

de Marx for justificada – um grande "se" –, ainda assim não escaparíamos da crise ecológica sem precedentes na qual *já estamos vivemos*. Não apenas o desenvolvimento econômico histórico do Norte global foi responsável por degradar de modo irrecuperável centenas de ecossistemas terrestres, como sua industrialização à base de carvão mineral esgotou o orçamento de carbono disponível na atmosfera para que *os demais países* possam atingir os mesmos níveis de desenvolvimento econômico abaixo de temperaturas humanamente aceitáveis (ou até mesmo que os próprios países ricos consigam manter seus níveis atuais de afluência com base em combustíveis fósseis). O pressuposto tecnológico de abundância material permitiu ao marxismo clássico *prever* futuros materialmente justos para além da justiça. A crise ecológica e ambiental do século XXI, ao contrário, torna imperativa a *prescrição* de futuros materialmente mais justos, apoiados em ideais normativos de igualdade e comunidade e que levem em consideração outras formas de nos relacionarmos com o meio ambiente e as gerações futuras. Se estamos dispostos e dispostas a construir um modo de vida social no qual esforços produtivos estejam desacoplados da criação sem limites de bens materiais, então teremos que encontrar *razões morais* para o autogoverno social sobre tais bases.

Por que não o socialismo?

A filosofia de Cohen nos obriga a reformular a autocompreensão da luta socialista para o século XXI. O marxismo clássico acreditava que a unidade da agência socialista e a abundância material causada pelo progresso tecnológico mais cedo ou mais tarde libertariam "os elementos da nova sociedade" das entranhas da sociedade capitalista. Invertendo o slogan de Engels, Cohen chega à conclusão de que, para que o socialismo hoje possa ser um movimento de transformação social, e não apenas uma doutrina esotérica, ele precisa ser fundamentado por princípios normativos tanto quanto por um diagnóstico empiricamente preciso da sociedade capitalista. É muito mais difícil "libertar os elementos da nova sociedade", ou "ir além do horizonte dos direitos burgueses" quando não sabemos como fazer isso de um modo justo, ou sob as pressões da escassez material, ou ainda quando as bases materiais para a emancipação de uma sociedade de classes se encontram além dos limites ecológicos do planeta Terra.[30] Em todos esses casos, precisamos voltar aos princípios socialistas e é sobre esse retorno que as páginas precedentes trataram.

---

30 Agradeço às discussões e sugestões promovidas pelas oficinas do Grupo de Pesquisa sobre Justiça e Desigualdades (DesJus/Cebrap) e à leitura atenciosa de Raissa Ventura.

SOBRE O LIVRO

Formato: 12 x 21 cm
Mancha: 19 x 39,5 paicas
Tipologia: Iowan Old Style 12/17
Papel: Off-white 80 g/m² (miolo)
Cartão Supremo 250 g/m² (capa)
1ª edição Editora Unesp: 2023

EQUIPE DE REALIZAÇÃO

Capa
Negrito Editorial

Edição de texto
Marina Silva Ruivo (Copidesque)
Miguel Yoshida (Revisão)

Editoração eletrônica
Sergio Gzeschnik (Diagramação)

Assistência editorial
Alberto Bononi
Gabriel Joppert

Rua Xavier Curado, 388 • Ipiranga - SP • 04210 100
Tel.: (11) 2063 7000 • Fax: (11) 2061 8709
rettec@rettec.com.br • www.rettec.com.br